O TEMPO PAROU

assim que recebeu o primeiro tapa

Editora Appris Ltda.
1.ª Edição - Copyright© 2023 da autora
Direitos de Edição Reservados à Editora Appris Ltda.

Nenhuma parte desta obra poderá ser utilizada indevidamente, sem estar de acordo com a Lei nº 9.610/98. Se incorreções forem encontradas, serão de exclusiva responsabilidade de seus organizadores. Foi realizado o Depósito Legal na Fundação Biblioteca Nacional, de acordo com as Leis nᵒˢ 10.994, de 14/12/2004, e 12.192, de 14/01/2010.

Catalogação na Fonte
Elaborado por: Josefina A. S. Guedes
Bibliotecária CRB 9/870

I116t 2023	Iadocicco, Maria Antonieta
	O tempo parou: assim que recebeu o primeiro tapa / Maria Antonieta Iadocicco. – 1. ed. – Curitiba: Appris, 2023.
	144 p. ; 21 cm.
	Inclui referências.
	ISBN 978-65-250-4834-5
	1. Ficção brasileira. 2. Violência familiar. 3. Repressão. 4. Fantasmas. I. Título.
	CDD – B869.3

Appris
editora

Editora e Livraria Appris Ltda.
Av. Manoel Ribas, 2265 – Mercês
Curitiba/PR – CEP: 80810-002
Tel. (41) 3156 - 4731
www.editoraappris.com.br

Printed in Brazil
Impresso no Brasil

Maria Antonieta Iadocicco

O TEMPO PAROU
assim que recebeu o primeiro tapa

FICHA TÉCNICA

EDITORIAL	Augusto Vidal de Andrade Coelho
	Sara C. de Andrade Coelho
COMITÊ EDITORIAL	Marli Caetano
	Andréa Barbosa Gouveia (UFPR)
	Jacques de Lima Ferreira (UP)
	Marilda Aparecida Behrens (PUCPR)
	Ana El Achkar (UNIVERSO/RJ)
	Conrado Moreira Mendes (PUC-MG)
	Eliete Correia dos Santos (UEPB)
	Fabiano Santos (UERJ/IESP)
	Francinete Fernandes de Sousa (UEPB)
	Francisco Carlos Duarte (PUCPR)
	Francisco de Assis (Fiam-Faam, SP, Brasil)
	Juliana Reichert Assunção Tonelli (UEL)
	Maria Aparecida Barbosa (USP)
	Maria Helena Zamora (PUC-Rio)
	Maria Margarida de Andrade (Umack)
	Roque Ismael da Costa Güllich (UFFS)
	Toni Reis (UFPR)
	Valdomiro de Oliveira (UFPR)
	Valério Brusamolin (IFPR)
SUPERVISOR DA PRODUÇÃO	Renata Cristina Lopes Miccelli
PRODUÇÃO EDITORIAL	William Rodrigues
REVISÃO	Bruna Fernanda Martins
DIAGRAMAÇÃO	Renata Cristina Lopes Miccelli
CAPA	Eneo Lage

AGRADECIMENTOS

Memória de família contadas por pessoas excepcionais e que sem elas esse trabalho não seria possível.

Agradeço ao meu marido e minhas filhas por ter compreendido minha ausência.

Aos primos, primas, tia e irmãos por permitirem colocar suas histórias aqui.

Antonio Roberto Vitorino, por tantas graças, Carlos Righi e tantos outros.

Sandra Tamelini por me auxiliar, ouvir minhas dúvidas, inseguranças e reflexões.

Porém, deixo meu agradecimento especial ao meu querido primo Paulo Sergio Gomes Pinho, que pacientemente dividiu comigo seus momentos de infância e lembranças, dando vida a tantos que já se foram. Obrigada, por nos fazer retornar no tempo.

Maria Antonieta Iadocicco

A todos que de uma forma ou de outra me ajudaram a construir este livro, por meio das histórias contadas e da paciência.

*Não faça da tua vida um rascunho.
Poderás não ter tempo de passá-la a limpo.*

(Mario Quintana)

PREFÁCIO

A riqueza do universo literário leva o leitor a inúmeras vivências.

De certo modo é curioso como cada um pode integrar-se aos conflitos, aos amores e aos desamores dos personagens, fazendo um paralelo com as suas próprias experiências de vida.

Quem quer que seja o leitor, certamente já se encontrou em situações em que pôde se identificar e sofrer, chorar, ou sorrir e serenar seus ânimos, ao se deparar com uma história que lhe prende a atenção e acelera o coração, por constatar tanto a leveza quanto as atrocidades que podem ser encontradas em personagens reais ou fictícios.

Neste romance, o cardápio está mais para um banquete do que para uma simples degustação.

É possível encontrar uma gama de situações nas quais o tempo leva o leitor a refletir o quanto, e como, o passado pode ser presente e contundente. O quanto é possível a mente fazer transitar no tempo, os espectros escondidos nas gavetas do baú da memória.

A infância em meio a um cenário político com clima nada ameno e com a repressão propiciando uma existência sofredora e desordenada.

O despontar de um doce amor, alento breve que se esvai qual poeira ao vento, e o sonho do casamento que se transforma em uma vida amargurada em que a violência doméstica toma ares de protagonista.

Assunto tão antigo e ainda não caiu no abismo do desuso...

Tudo isso atrelado a princípios religiosos com tanto fervor que torna impossível sequer imaginar a dissolução de uma vida frustrante, caótica e triste.

Este romance impulsiona o leitor a se emaranhar no imaginário de uma mente envelhecida e solitária, que divaga entre o hoje e o ontem, qual o sopro de ventos inquietos.

Em meio ao caos, passado, presente, sonhos, amores e dores se entrelaçam.

Aqui me retiro, deixando ao leitor o deleite de saborear as páginas que seguem.

A aversão que tenho por *spoilers* não me permite ir além.

Rafaela Puopolo
Pedagoga/atriz/locutora/escritora

SUMÁRIO

TE PERDOO POR AGIRES ASSIM!................................15

ERA PARA SER ROMÂNTICO 19

O SILÊNCIO...22

TIO JOSÉ..24

DIO PROVVEDERÀ 26

ANOS DOURADOS..30

DE VOLTA À VIDA 32

O CASAMENTO 35

A SUBVERSÃO 38

DONA DO LAR..41

O FUTEBOL..45

CLARA CLAREOU..48

A ESCOLA 51

DOE OURO PARA O BEM DO BRASIL 54

MAS É CARNAVAL...56

SIMPLESMENTE PEPÊ..62

SIMPLESMENTE CECÍLIA 67

SIMPLESMENTE CARLOS 70

LEMBRANÇAS DISTORCIDAS 74

O LADO AVESSO DE CARLOS.......................................76

APESAR DE VOCÊ...80

O POETA (MEMÓRIA PÓSTUMA) 84

O REENCONTRO 87

AMANHÃ VAI SER OUTRO DIA, COM CERTEZA...............97

DEVANEIOS 99

A HORA DA CHEGADA..101

DAS JABUTICABAS AO ENTERRO 104

PRISIONEIRA DO LAR 110

CROMO ALEMÃO 113

FIM DA REPRESSÃO...116

DAS TRISTEZAS DE CECÍLIA 119

E ENTÃO ELE CHEGOU! 121

A AUSÊNCIA...125

DA LOUCURA DE CECÍLIA 129

O RELÓGIO PAROU 134

A CARTA..137

NOTAS DA AUTORA..139

REFERÊNCIAS...141

TE PERDOO POR AGIRES ASSIM!

"Te perdoo
Por pedires perdão
Por me amares assim..."

Por alguns momentos, o temor de Cecília era tão intenso que foi possível ouvir os batimentos de seu coração, um quase silêncio de palavras que só foi quebrado pelas buzinas.

Chocada, com o olhar pálido e paralisado, não conseguiu gritar, sentiu apenas a dor da violência.

A bofetada no rosto foi forte!

O medo percorreu cada etapa do seu corpo, sentiu-se reduzida a nada, humilhada por Carlos:

— *Você é um verme, vou pisar até te esmagar.*

Essas palavras duras marcaram-na para o resto da vida.

Sentada no banco do carona, o tapa ainda ardia em seu rosto. Sem saber o motivo de tal agressão, tentou balbuciar algumas palavras e ele gritava mais alto:

— *Cala a boca, vou te ensinar a ser gente e me respeitar, entendeu?*

Tocou seu ombro com mais violência, pressionando-a contra a porta do carro.

Cecília acreditava que tudo estava bem entre os dois. Tão apaixonados, cúmplices em todas as situações. Carlos era um homem maduro, carinhoso e sempre demonstrando um cuidado especial com ela. Acostumou-se ao fato que ele decidia tudo, interferindo até nas roupas que vestia. As decisões finais eram sempre dadas por ele.

Sonhadora, romântica, acreditava no amor. Perguntava-se o que teria feito de tão errado para que ele ficasse tão nervoso e a tratasse com tal violência e subitamente a culpa tomou conta de Cecília.

Carlos às vezes era explosivo, muito nervoso, porém nesse momento sabia que tinha que se manter calada.

Era muito difícil para ela entender tanto ódio que irradiava dos olhos e da voz dele, mas sabia que ele a amava e logo tudo ficaria bem.

Naquela manhã, ele a deixou na porta do consultório. Cecília estava linda com um vestido tubinho azul floral, salto alto, cabelos presos em um rabo de cavalo, perfumada e um batom vermelho que realçava ainda mais seus lábios carnudos, ela tinha consciência da sua beleza, talvez isso tenha despertado a ira de Carlos.

Sabia como usar seu lado sedutor para obter o que desejava. Fala mansa, com uma voz que era quase um sussurro, jeitinho meigo e muito cativante.

Uma hora depois ela reapareceu, abriu a porta apressada, sentou-se no banco do passageiro, aflita. Carlos estava calado, com a expressão do rosto um tanto tensa, mas Cecília não percebeu e começou a falar:

— *Vamos embora logo daqui, não quero mais ver esse médico na minha frente.*

— *Está inquieta por quê?* — Retrucou. — *Por acaso ele deu em cima de você?*

Quem manda usar esse vestido justo e decotado, com batom vermelho de puta, se dê ao respeito, você gosta de aparecer, é uma oferecida.

Cecília recebeu um tapa forte. Sua cabeça rodou, sentiu-se tonta e a dor intensa. Ficaram as marcas dos dedos em seu rosto e o entorno de seu olho roxeou rapidamente. As lágrimas começaram a brotar dos seus olhos esverdeados. Soluçava baixinho, cheia de medo, ele continuava exaltado. Num gesto bruto, abriu a porta do lado de Cecília e a empurrou para fora do carro.

Mal conseguiu pisar na guia da calçada e ele acelerou, passando por cima dos pés de Cecília.

Um grito de dor foi ouvido por Carlos, no mesmo instante se deu conta de que perdeu a cabeça, manobrou o automóvel e voltou ao local onde a deixou.

Encontrou Cecília sentada no chão em desespero. Tomou-a no colo e pediu perdão.

— *Olha pra mim* — disse ele. — *Me perdoa! Morro de ciúmes de você, só em pensar que outro homem pode estar te desejando, o ódio toma conta de mim, eu não sei viver sem você, consegue entender isso? Entende isso? Eu te amo. Você não merece, juro que irei me controlar, isso nunca mais vai se repetir, prometo, meu amor.*

Relutou em perdoá-lo, já conhecia tantas histórias assim, primeiro a agressão, depois a promessa de que isso não mais se repetiria.

Porém, a paixão de Cecília era mais forte que sua razão e se perguntava como poderia não perdoar, afinal ele a amava e de certa forma ela provocou toda aquela situação, sabia que Carlos tinha um ciúme doentio.

Admitiu que no fundo até gostava dessa sua possessividade, sentia-se mais amada e segura.

Carlos colocou-a no carro com todo cuidado e seguiram para um hospital.

— *Felizmente houve apenas uma luxação e com alguns dias de repouso ela ficará bem.* — Afirmou o médico assistente.

Seus pais e irmãos nunca tocaram nela, às vezes era repreendida ou colocada de castigo no quarto quando criança, mas nunca tinha sido agredida fisicamente.

O primeiro pensamento que lhe ocorreu foi de esconder da família a agressão, eles jamais o perdoariam, iriam obrigá-la a se afastar de Carlos e não era isso que queria.

Ao chegar em casa, mancando e com o olho roxo, sua mãe, Donana, questionou:

— *O que aconteceu, Cecília?*

— *Escorreguei na calçada, mãe, não deu tempo para Carlos me segurar e torci o pé, mas o médico disse que só uns dias de repouso e ficará bom de novo.*

— *E o olho?* — insistiu a mãe.

— *É que quando caí bati o rosto em uma grade.*

Para evitar mais detalhes, Cecília caminhou direto para seu quarto alegando estar muito cansada.

Aquele canto sempre foi seu refúgio desde menina, esse pequeno cômodo pintado de rosa-claro possuía uma janela voltada para o jardim, por onde admirava as margaridas, as rosas e os girassóis, sobretudo os gerânios em penca plantados na floreira do beiral de sua janela, e tinha também um bebedouro com uma flor de plástico azul para os passarinhos.

Começou a pensar na sua infância, nos canarinhos em especial, lembrou da vó Antonieta e do seu "mano" Pepê que tanto gostava.

Mas o que ocorrera no carro continuava em sua mente e se perguntava porque não comentou com Carlos sobre o assédio que sofrera do médico, e lembrou-se do tapa.

ERA PARA SER ROMÂNTICO

Numa tarde cinzenta de junho, o ar frio rasgava sua pele. A garoa gelada a obrigava a acelerar os passos em busca de um transporte público.

Cecília passou o dia com amigos e se divertiram muito, lembravam do tempo de ginásio, escutaram Beatles, até beberam um pouco além da conta para se aquecerem do frio.

Hiroshiki também vivia na vila e era conhecido como o "Japa", adepto ao movimento hippie usava cabelos longos, sempre vestindo uma bata colorida, uma fita na testa e calças jeans, adorava cantar "Hair".

"Switch it up, switch it up (ooh-wah)
Yeah, eh eh eh/ Yeah, let's go
I call my girl 'cause i got a problem."

Quando saiu da casa do Japa já estava anoitecendo, despediu-se de todos rapidamente e procurou um ponto de ônibus para abrigar-se do frio intenso e da garoa incessante.

Ela estava excepcionalmente bonita, alta além da média, magra, vestia uma calça preta de couro sintético colada no corpo, uma camisa rosa-choque, um sobretudo também preto com cachecol branco de lã, luvas e botas de cano alto.

Seus cabelos longos ondulados e acastanhados brincavam ao vento, olhos esverdeados, tinha a pele alva e bochechas avermelhadas pelo frio.

Cantarolava baixinho "She loves you, yeah

You think you've lost your love..."

Foi quando um Fusca prata aproximou-se lentamente da calçada onde Cecília aguardava o transporte, um homem maduro fez um sinal oferecendo uma carona e ela abaixou a cabeça tentando ignorá-lo.

Ele insistiu, buzinava. Pelo canto dos olhos percebeu o quanto era bonito, cabelos encaracolados escuros, e forte.

Cansado de esperar desligou o carro e desceu, sorrindo se aproximou, começou logo a falar:

— *Tinha que te ver de perto, você é demais! É daqui do bairro? Eu me chamo Carlos de Lucca, e qual é o seu nome?*

— *Cecília. Cecília Brilotto.*

— *Nasci no bairro, cresci aqui e agora nos mudamos, visitei uns amigos e estou voltando para casa.*

- Deixa te levar para casa, está muito frio e os ônibus demoram nos finais de semana, não precisa ter medo, sou inofensivo, prometo te deixar em casa do jeito que te encontrei.

Os dois riram como se já fossem velhos conhecidos. Cecília sentiu-se segura ao lado dele e aceitou a carona.

No carro, Carlos acendeu dois cigarros e passou um para Cecília, e no rádio tocava "Yesterday".

No trajeto conversaram muito sobre as mudanças políticas e o governo militar no país.

— *O papo está tão gostoso, vamos beber alguma coisa por aqui? Depois te deixo em casa. Aceita, vai?*

Mascando seu chiclete de bola, Cecília aceitou ir para um barzinho, mas comentou com Carlos que estava sem sua identidade e em época de autoritarismo isso poderia ser perigoso.

O que ela tentava esconder mentindo estar sem documento era a sua verdadeira idade. Aparentava ser uma mulher madura com mais de dezoito, corpo formado, seios bonitos, pernas torneadas, mas não passava de uma jovem adolescente, acabara de completar 16 anos com uma festa incrível.

Chegaram a uma boate e por sorte o porteiro não pediu seus documentos. Foi a primeira vez que entrou num local como esse, um salão escuro com focos de luzes azuis, e tocava ao fundo *"Una Lacrima Sul Viso"*.

Na mesa Carlos pediu duas cubas-libres e a puxou para o meio da pista, dançaram com os corpos colados, que exalavam cheiro de amor. Carlos roçou sua barba malfeita no rosto de Cecília, que sentiu seu corpo arrepiar, a sua respiração forte, aquecendo seu pescoço, e um sussurro em seu ouvido:

— *Eu sei que vou me apaixonar por você.*

Seu coração disparou e Carlos encostou os lábios em sua boca, e um longo beijo aconteceu.

Seus destinos se entrelaçaram.

O SILÊNCIO

Na sala de espera Cecília estava impaciente com a demora do Dr. Camargo.

Era sua primeira consulta com esse ginecologista.

Finalmente quando foi chamada entrou em seu consultório um tanto contrariada.

— *Desculpe-me pelo atraso, estava atendendo uma emergência.* — Comenta ele, com toda simpatia.

Envergonhada por sua irritação, ela sorriu e observou o Dr. Camargo. Ele era um homem de meia-idade, baixo e um tanto fora do peso idealizado pelo padrão de beleza. Possuía olhos pequenos, cabelos grisalhos e um nariz achatado.

— *O que te traz aqui?*

— *Apenas exames de rotina.*

Após as perguntas necessárias, ele solicitou a Cecília que, se despisse, usasse o avental que estava atrás do biombo.

Tirou a roupa, vestiu o roupão e deitou-se na maca para ser consultada.

Dr. Camargo se aproximou, tocou em seu seio com uma das mãos, enquanto acariciava seu abdômen, com a outra, colocou o dedo dentro do seu umbigo.

Cecília tentou se levantar, mas ele a empurrou e quis beijá-la à força. Com muita raiva ela mordeu os lábios do médico até sangrar, que se afastou rapidamente e gritou:

O TEMPO PAROU
assim que recebeu o primeiro tapa

— *Sua vaca vagabunda! Se veste e some daqui, vadia* — esbravejava. — *Boca fechada ou eu acabo com você, safada maldita.*

Humilhada, Cecília vestiu-se correndo e saiu do consultório, entrou no banheiro da sala de espera e lá chorou, depois de algum tempo se recompôs e foi ao encontro de Carlos.

TIO JOSÉ

No quarto, Cecília começou a remexer em suas gavetas repletas de quinquilharias e papéis tentando diminuir sua ansiedade.

Jogada em uma dessas gavetas, encontrou uma pasta antiga repleta de manuscritos abandonados há tempo.

Folheando por curiosidade os guardados, encontrou desenhos bem infantis e algumas folhas rabiscadas por ela em desordem, sem datas, com desabafos que ela intitulava CONVERSANDO COM DEUS.

Bença, tio. Deus te abençoe, querida.

Gosto de todos os tios, principalmente quando eles colocam a mão no bolso e de lá saem deliciosas balas.

Não! Mentira. Eu não gosto de todos, não posso mentir para o Senhor que tudo vê. Eu não gosto do tio José!

Deus, se isso é pecado me perdoa, sei que é meu tio e devo respeito, mas tenho medo dele.

Eu lembro quando eu era pequena que tio Antonio e tio Angelo eram carinhosos comigo, tio José também era... bem, era, mas de um jeito diferente.

Ele gostava de me colocar sentada em seu colo, principalmente quando não tinha ninguém por perto, e então ele me apertava de um modo esquisito, gostava de passar as mãos nas minhas coxas. Eu devia ter uns 6 ou 7 anos, não lembro bem, ou menos até, não sei.

Eu só sei que fui crescendo e o tio continuava me agarrando, dizendo que meus peitos estavam crescendo.

O TEMPO PAROU
assim que recebeu o primeiro tapa

Eu comecei a fugir dele, só que não podia contar nada em casa, afinal ele era meu tio, não iria me fazer mal, talvez dissessem que eu estava mentindo e ainda seria forçada a pedir desculpas por inventar isso.

Hoje entendo tudo.

Sentia pavor dele. Quando ele bebia muito, meu pai dava guarida em nossa casa.

Numa manhã meu pai saiu para trabalhar e minha mãe foi buscar pão na padaria.

Eu estava deitada ainda, quando vi, caminhava pelo corredor em direção ao meu quarto, a porta estava entreaberta. Parou, encostou no batente e ficou me observando por alguns minutos com uma expressão muito estranha.

Entrou, sentou na cama ao meu lado, eu não conseguia me mover... senti nojo quando suas mãos tocaram o meu corpo, seu sorriso esquisito não sai da minha lembrança.

Pai do céu, foi o Senhor que acelerou os passos de minha mãe! Ouvimos quando ela abriu a porta da cozinha, ele como um bandido fugitivo correu e se trancou no banheiro.

Ela nada percebeu e eu continuei calada.

Dois anos depois, tio José foi encontrado morto, sozinho, bêbado na sarjeta qualquer, lembrou Cecília aliviada.

— Senhor, tenha clemência dessa alma pecadora.

DIO PROVVEDERÀ

"Jammo bello, jammo bello
abballammo sta tarantela
cu' na coppia e ancora n'ata/ e facimmece sta ballata..."

A chuva serena deixava o clima mais aconchegante, oscilando para os lados com o vento. Cecília, agora com 72 anos, lembrava-se dos anos que se foram.

Carlos solícito preparou um chá quentinho de erva cidreira e entregou a ela. Vestiu seu sobretudo marinho, pegou o guarda-chuva no hall, olhou para trás por alguns instantes como quem que se despedia para sempre, saiu batendo a porta.

Com dez anos a mais ainda era um belo homem, praticava esporte, vaidoso, mantinha um vigor e uma vivacidade surpreendente. A maturidade aparentemente o fez mais tolerante, embora a semente da dominação permanecesse dentro dele.

Sentada em sua cadeira de balanço, com as cortinas abertas, ficou apreciando os vidros molhados da sala criando formas nuas como das árvores sem folhas que balançavam na rua e ao mesmo tempo mantinham-se firmes em suas raízes.

Olhou para seu tricô recém-começado caído no chão. O novelo de lã vermelha todo emaranhado, cheio de nós, acabou virando brinquedo para sua gatinha.

Ela não se importava mais, sentia no peito um vazio e o corpo cansado.

Bebericava o chá feito com tanto zelo por Carlos e acariciava o bichinho:

— *Suba no meu colo, Esmeralda.*

Os olhos da gata eram verdes como duas pedras raras, assim como os de Cecília.

Sentia que sua pele há muito perdera a vivacidade, suas mãos estavam trêmulas, seus passos agora eram lentos, sabia que já não tinha mais o mesmo encanto.

Reclinou sua cabeça, apoiando-a no encosto da cadeira, e seus pensamentos começaram a invadir sua alma.

Medos, são muitos medos que povoam sua cabeça, e tinha que enfrentá-los.

Tentava entender as vozes e os sentinelas silenciosos que insistiam em afligi-la.

— *Pepê, Pepê...* — ela gritava ainda criança, chamando seu irmão. — *Venha ver seu canarinho, ele está tão quietinho e nem cantou pela manhã, como faz todos os dias. Ele quase não se mexe!*

Pepê se aproximou e o viu todo encolhido no canto da gaiola, percebeu o movimento do seu pequeno peito bater levemente, e dos muitos passarinhos que possuía era do canarinho Xodó que mais gostava.

— *Acho que ele está morrendo, está tão jururu, vou chamar a vó Antonieta, ela é a melhor benzedeira da região, se não conseguir salvá-lo ninguém mais o fará.*

Vó Antonieta, uma típica mulher imigrante nascida no Brasil e de pais italianos.

Tinha pouco cabelos e finos, bem longos, que ficavam sempre presos em um coque.

Baixa e volumosa como toda matrona, olhos pequenos e pele clara, ela era o elo da família, seu marido, o vô

Antonino, morreu com apenas 42 anos em um acidente com seu caminhãozinho, estava na garagem mexendo na manivela do caminhão, que saiu andando prensando-o contra parede.

Ficaram seis crianças ainda pequenas para serem criadas, cinco meninas e um menino, restou também uma máquina de costura comprada com dinheiro ganho no jogo do bicho, que acompanhou dona Antonieta na criação de seus filhos.

Pepê saiu correndo pelas ruas e chegou afobado na casa da avó, e contou o que estava acontecendo com Xodó, e com toda paciência ela disse:

— Negrinho, Dio provvederà... il tuo canarino starà bene.

Pegou o prato com água, o óleo e a faca para cruzar e fez a reza.

E não é que o canarinho voltou a cantar como antes?

— É... — repetiu em voz alta, Cecília, seu pensamento — Dio provvederà.

Cecília tinha os olhos de paixão por seu "irmão", olhar de admiração e pensava: Quando eu crescer vou me casar com você.

Pepê achava graça daquela menina caipira e de pés no chão.

Sentiu uma saudade inesperada dele naquele momento, a vida se encarregou de separá-los. Muitos anos se passaram com poucas notícias, o destino os afastou ainda mais.

Até que o acaso os colocou frente a frente novamente.

Sabia que era o momento de encarar as sombras que habitavam seus pensamentos, para não mais temê-las.

Estava estranhamente viva entre dois mundos.

Sentia a dor nos seus pés atropelados por Carlos, aceitou a cuba-libre e dançou colada com ele na boate, repetia alto que ele era um bom homem, apenas um tanto exaltado, violento às vezes, mas bom. *"Da una lacrima sul viso/ ho capito molte cose/ dopo tanti e tanti mesi, or so/ cosa sono per te..."*, cantarolava.

Dr. Camargo e tio José agora estavam no passado, embora nesse momento fossem os fantasmas que ali presentes rodopiavam em sua sala, insistindo em atormentá-la.

ANOS DOURADOS

"Dizem que a mulher é o sexo frágil
Mas que mentira absurda!..."

"A mulher em busca do remédio para o histerismo e para o nervoso.

O desejo, a insatisfação e o mau humor são considerados o lado sombrio da natureza feminina, feita de abnegação, renúncia e perdão.

A ela deve caber a tarefa de equilibrar os afetos dentro de casa e de ser executora da política higienista que estabelece os limites entre a vaidade das mulheres honradas e a libertinagem das mulheres de conduta duvidosa." (*A cura do desejo*).

Assim era a propaganda no rádio.

Cecília nasceu em 1950, cresceu com a marca do pecado por ser mulher.

Ano que Getúlio Vargas foi eleito democraticamente, após o longo período de ditadura civil, liderada por ele.

A voz entristecida de seu pai ressoa em seus ouvidos:

"Tenha calma, Gegê/ tenha calma, Gegê/ *Vou ver se faço/ Alguma coisa por você...*", assobiava baixinho.

Ela acompanhava agora as lamentações do Sr. Antonio, que também contava sobre o suicídio de Vargas e a comoção que se apoderou da nação.

Recordava-se ainda do jingle que seu Antônio chorosamente murmurava "gigante pela própria natureza/ a 400 anos já dormiu...", em homenagem a Juscelino Kubitschek.

— *O que aconteceu com você, pai? Nunca mais tivemos notícias, desapareceu.*

A voz silenciou.

Pequenos movimentos de abertura começam a ser percebidos no período pós-guerra. A mulher começava a tomar formas mais femininas e glamourosas ainda dentro de uma vida regrada e de boa conduta.

As chamadas mulheres de respeito mantinham-se fiéis à sagrada igreja católica apostólica romana.

Cecília casou-se. E nesse transe que se encontrava, tomou ciência de quantas lágrimas escorreram de seus olhos para se enquadrar dentro dos padrões morais.

Seus filhos, Maria Clara e Betinho, eram seu grande orgulho. Ambos com formação superior, e passavam a maior parte do tempo fora em viagens.

Maria Clara, uma escritora bem-sucedida, gosta de viver sozinha. Cecília sabia que essa aversão ao casamento foi consequência de traumas ocasionados por tantas brigas violentas dentro de casa.

Já Betinho, um menino doce e carente, sempre apaixonado pela dança clássica, porém era severamente repreendido pelo pai, concluiu licenciatura portuguesa e partiu.

Sempre foi motivo de chacotas na escola por causa de seu jeito delicado, e Carlos acusava Cecília.

— *Esse menino é afeminado e a culpa é sua, que sempre o tratou como uma mulherzinha.*

Com os seus 72 anos, sente o peso do passado e já não consegue distingui-lo do presente, são como retalhos costurados por uma linha delicada e tênue chamada vida.

Neste momento cada um de seus mortos gira, dança, ri, chora à sua volta; estão todos com ela novamente, sente-se feliz e finalmente em paz.

DE VOLTA À VIDA

— *Sou palmeirista, anarquista, comunista, janista, ademarista.* — Brincava tio Nelson, e todos se divertiam com seu jeito de falar.

— *Sono calabrese!*

Tio "Nerso", como era chamado, nasceu no Brasil, mas não admitia isso.

— *Sono un grande anarchico. Sou contra o Estado, o capital e a igreja* — continuava seu discurso em português.

Seu vocabulário italiano se limitava a algumas blasfêmias.

— *Stronzo, Puttana de la Madona, cazzo, Va fá' n culo, Farabutto.* — Esbravejava o tio.

— *Basta con le bestemmie, sei un vero cretino!* — Retrucava vó Antonieta. — *Non maledico questa cosa!*

— *Va mama!*

Seus olhos verdes riem das graças do tio!

Nesse transe se vê brincando novamente debaixo do limoeiro no quintal onde morava a avó Antonieta, chupava limão-cravo com sal, como aprendeu com seu tio.

As latinhas de massa de tomate vazias, cacos de louças e sua boneca de pano faziam parte da brincadeira.

Na cozinha, sua avó preparava a massa do macarrão para o almoço e explicava para Josephina, a filha do meio, como se fazia a pasta.

— *Presta atenção ragazza, vai um punho de farina de trigo e para cada punho de farina um uovo e uma pitada de sale, impastare bene e poi basta aprire l'impasto e cortar com il coltello.*

O cheiro do molho de tomate entrava por suas narinas e escutava a avó perguntar:

— *Carmela, sonhou stasera?*

Tia Carmela não passava uma noite sem sonhar, ou inventava sonhos para satisfazer D. Antonieta, que gostava de decifrá-los e jogar no bicho.

— *Si mama, sonhei com a Dona Bernadete, ela estava varrendo a frente da casa e falando com seu Pacheco, o peixeiro.*

— *Parla logo, ragazza!*

— *Mama, Dona Bernadete dizia para o peixeiro que ele vivia de tromba na cara.*

Vó Antonieta calou-se e ficou a refletir:

— *Tromba é elefante; dona Bernadete é cobra*

— *Elefante ou cobra?*

— *Nerso, joga no quarantotto – 48.* — Disse ela.

Na esquina, estava Anastácio, o bicheiro, tentando encontrar alguém para que lhe tirasse o lápis pontudo do bolso traseiro e espetasse o cigarro, sem os dois braços. Cotoco, como era chamado pela criançada da rua, encaixava o lápis com o cigarro entre os dedos dos pés e fumava.

— *Coitado.* — Pensou Cecília. — *Um dia foi levado pela enxurrada.*

O almoço era servido no terreiro numa mesa grande que acolhia toda a família com os genros, os namorados das filhas ainda solteiras, mais o seu Domenico, bisavô de Cecília, e a Mamarana, sua esposa.

— *Ma vá chama tuo bisnonno* — pede a avó. — *È ancora per strada!*

Seu bisavô costumava passar os dias pegando pedrinhas que acreditava ser diamantes pelas ruas de São Paulo, colocava-as em um saquinho e as escondia no porão para não ser roubado, o outro esconderijo era debaixo das hortênsias, esse lugar era conhecido por Pepê, que as furtava para tristeza do Sr. Domenico.

Já o tio Valentim juntava os ossinhos de galinhas, escondendo-os embaixo da cama ou no quintal, e nos dias de calor, dona Antonieta colocava todos na procura dos ossos.

A massa do macarrão estava pronta. O molho de tomate cozido lentamente em banha de porco.

O frango teve o pescoço cortado e o sangue colhido em um pote para virar chouriço ou frango ao molho pardo. Depois a galinha era colocada em uma lata grande com água fervendo e era depenada. Nesses tempos nada podia ser desperdiçado, tudo era utilizado, dos pés que serviam para as canjas das noites frias até as penas que se usavam para fazer travesseiros.

E naquele dia, deu elefante na cabeça.

O CASAMENTO

Ano de 1967.

"Quem me dera agora eu tivesse uma viola prá cantar/ Ponteio"

Cecília cantava baixinho a música de Edu Lobo, enquanto se lembrava do primeiríssimo lugar no III Festival de Música Popular Brasileira da TV Record, que acompanhava em sua televisão em preto e branco.

— *Quantas coisas aconteceram neste ano* — pensou ela.

Ano em que passa a vigorar a nova Constituição brasileira elaborada pelo regime militar. Os deslizamentos, as enchentes no litoral paulista causaram muitas perdas.

Começaram a despontar no Brasil os hippies, já conhecidos no mundo, a contracultura. Entramos nos tempos da Tropicália.

A TV mostrava o surgimento do movimento "hippie" em San Francisco dando início a uma verdadeira revolução cultural "paz e amor", o "amor livre".

Essas tribos criavam seus próprios costumes, linguagens e modas.

O lema dos anos 60 é que "a vida é muito melhor graças à química", que tinha se materializado por meio da pílula anticoncepcional e de drogas como o LSD.

Cecília dançava e cantava no meio das comunidades hippies, nunca esteve tão livre como agora.

"Caminhando contra o vento, sem lenço e sem documento..."

"É proibido proibir..."

"Pra ver a banda passar..."

Ela era bonita, ela se amava.

Ao longe começava a soar calmamente a marcha nupcial.

A porta da capela se abriu, as trombetas anunciavam a chegada da noiva.

Desfilava pelo tapete vermelho rodeada por flores de jasmim.

O véu que cobria seu rosto tinha finos bordados com pequenos *strass* emprestando seu brilho aos olhos de felicidade de Cecília.

Entre o branco de seu vestido e as flores de jasmim que decoravam a igreja, destacavam-se o vermelho do buquê que carregava nas mãos. As rosas vermelhas simbolizavam todo o amor que sentia naquele momento por Carlos.

Ele a esperava no altar.

Ave Maria tomou conta da capela por meio da voz de seu primo, Carlito.

Entrou linda em seu vestido, levando para Carlos toda sua pureza e castidade como se era exigido naquela época.

Seu irmão mais velho a conduziu para o altar, já que seu pai, Antônio, foi acusado por crime político e estava desaparecido.

Um subversivo, segundo o regime vigente.

Mas Cecília sentia-se feliz. Ainda tão jovem, cheia de sonhos, de esperança e de paixão, foi ao encontro do seu futuro.

— *Cecília, promete amá-lo, honrá-lo na saúde e na doença, até que a morte os separe?*

O TEMPO PAROU

assim que recebeu o primeiro tapa

— *Sim, sempre.*

— *Carlos, promete amá-la, honrá-la na saúde e na tristeza, até que a morte os separe?*

— *Sim, para todo o sempre.*

E prosseguiu o padre Benjamin:

— Lembra-te *sempre que te casaste para partilhar com teu esposo as alegrias e as tristezas da existência. Quando todos o abandonarem fica tu a seu lado e diz-lhe: aqui me tens! Sou sempre a mesma e se seu esposo se afastar de ti, espere-o. Se tarda a voltar, espere-o; ainda mesmo que te abandone, espere-o! Porque tu não és somente a sua esposa; és ainda a honra do seu nome. E quando um dia voltar, há de abençoar-te"* (Revista feminina). *E pode beijar a noiva.*

A SUBVERSÃO

"Vem, vamos embora que esperar não é saber
Quem faz sabe a hora, não espera acontecer..."

Mesmo com censura as notícias corriam. Ao final do governo Castelo Branco o Alto Comando Militar escolheu como novo presidente o marechal Artur da Costa e Silva, ministro da guerra.

Com toda repressão policial, durante o governo Costa e Silva, as políticas públicas aumentaram no país, nas ruas passeatas; operários em greve, políticos atacando com violência da ditadura.

Cecília aprendeu na escola que os comunistas eram maus.

— *Querem invadir nossas casas e colocar estranhos para morar conosco* — pensou ela.

"*Há soldados armados, amados ou não...*"

Seu pai, Antônio, agora estava ao seu lado após tantos anos sem notícias.

Viu sua mãe entrando aos gritos:

— *Pegaram ele, invadiram a escola e o tiraram da sala de aula, ele foi arrastado como um cão sarnento, ele não é subversivo, não é um comunista. Ele prega a liberdade, agora perdeu, o que vão fazer com o meu Antônio, para onde o levaram?*

Prenderam outros professores, a Rosa foi levada também.

O TEMPO PAROU
assim que recebeu o primeiro tapa

Havia um carinho especial entre Donana e Antônio, mas há muito o brilho da paixão se perdera e aos poucos o pai de Cecília cedeu aos encantos de Rosa, uma mulher ativa, independente, politizada e militante. Os cabelos de fogo, olhos terrivelmente azuis, esguia e lindas sardas no rosto lhe emprestam um ar jovial apesar da maturidade.

Antônio estava calado e encolhido, carregava na pele as marcas da tortura, em seus ouvidos ainda ecoava o desespero de Donana.

Sua perna manca dificultava seu andar antes tão ereto, olhos arroxeados, as feridas ainda abertas mostravam sua carne dilacerada pela violência que sangrava incessantemente.

— *Estou preso em uma câmara fria, junto com outros homens, esse lugar é pequeno demais, não consigo ficar de pé, sinto muito frio, eu e meus companheiros estamos nus. Me tire daqui, estou congelando.*

O frio está passando e agora um calor que está já ficando insuportável, querem cozinhar nossos miolos!

Ligaram de novo esse barulho infernal, está aumentando! Estão me deixando louco, desliguem esse alto-falante, ele grita.

Onde está a minha Rosa, o que fizeram com ela?

Ouvia os lamentos, os gritos de dor e de desespero. Quando as forças de Antônio estavam terminando, foi retirado da câmara e arrastado para uma outra sala, sendo jogado no chão para ver sua companheira ser torturada.

— *Está nua com os braços e as pernas presas a fios de aço e esticam cada vez mais como se fossem arrancar seus membros fora. Resista, resista...* — repetiu tantas vezes — *resista.*

Quando soltam as amarras Rosa cai no chão, morta.

Antônio ainda repetia: *resista, resista...*

Também sentiu a dor de seu melhor amigo, Laurentino, que assistiu a um dos filhos, o pequeno Ângelo, sendo sacrificado para que ele confessasse um crime que não cometeu, mas acabou confessando para salvar sua esposa e as outras duas crianças.

— *Laurentino, meu amigo, é levado à "cadeira do dragão", ouço seus gritos, terminou eletrocutado.*

Mulheres grávidas tiveram seus filhos abortados sob tortura, a sensação de estar no inferno em uma caldeira borbulhante tomava conta de Antônio, sabia que seu fim estava próximo.

— *Estou de joelhos com minhas narinas tapadas e um tubo de borracha enfiado em minha boca, injetam água até me sufocar. As últimas palavras que me lembro foram: confessa, maldito, confessa.*

Vejo agora meu corpo dentro de um saco preto e sinto que Rosa e Laurentino também estão aqui no meio dessa pilha de corpos desconhecidos. Eles esperam a madrugada para nos jogar em um camburão e desovar nossos restos em alguma uma vala distante e escura.

DONA DO LAR

Cecília está agora em seu novo apartamento preparando o jantar para Carlos. Seguia a receita da vó Antonieta de lasanha.

500g de massa de lasanha

300g de carne moída

1 colher de sobremesa de óleo

1 cebola picada e 2 dentes de alho

1 pitada de sal

Molho à bolonhesa: carne de boi moída, tomates sem pele, orégano, alho, cebola, sal e uma pitada de açúcar. Deixar em fogo lento, até engrossar.

Presunto e muçarela para o recheio e muito queijo parmesão ralado para gratinar.

Com a pasta no forno, como dizia a avó, ela tirou o vinho da geladeira e o deixou em cima da mesa da cozinha, colocou as taças sobre a mesinha de centro da sala e esperou por ele deitada no sofá.

Carlos chegou e se jogou por cima de Cecília enfiando suas mãos por debaixo de seu vestido, tomando-a para si à força, apenas um gemido de dor foi pronunciado e quando saciou seus desejos ficou alguns minutos sobre o corpo dela, e disse:

— *Sou louco por você. Que cheiro de queimado é esse?*

— *Meu Deus, esqueci a lasanha no forno!*

Carlos correu para a cozinha, abriu o forno, uma fumaceira preta tomou conta do apartamento.

— *Sua doida, você não faz nada direito!* — Começou a gritar.

Tirou o refratário do forno e jogou em cima da pia. Gritava como louco e a chamava de incompetente. Cecília tentou se aproximar e foi empurrada para longe, batendo a cabeça na parede. O sangue escorreu sobre seu rosto e Carlos a balançou com estupidez.

—— *Você está me machucando, para com isso.*

—— *Não presta pra nada, mesmo.* — Disse ele largando-a no chão.

Atirou a garrafa de vinho tinto contra a parede e saiu batendo a porta da sala.

Assustada, encolheu-se num canto e chorou. Nesse momento, Cecília só pensava em fugir, isso não poderia se repetir.

Aos poucos conteve o choro, recolheu os cacos, limpou o chão todo manchado de vermelho.

Precisava de um banho, tirar aquele sangue seco grudado nos cabelos e escorrido pelos olhos. As roupas sujas pela violência, jogou no cesto e deixou a água cair sobre sua cabeça, sentiu-se um lixo.

Profundamente magoada não entendia o desequilíbrio de Carlos, definitivamente iria deixá-lo.

— *Ele não vai mudar* — disse a si mesma.

Saiu do banho enrolada em uma toalha, foi à sala, se serviu de um licor, depois outro e outro. Ficou sentada observando a porta e aos poucos foi se acalmando e repetindo que não haveria outra chance.

Sonolenta por causa da bebida, foi para o quarto, ainda envolvida pela toalha adormeceu.

O TEMPO PAROU

assim que recebeu o primeiro tapa

Na madrugada, sentiu as mãos inconfundíveis de Carlos percorrerem seu corpo. Permaneceu imóvel fingindo dormir.

— *Acorda, menina, quero ver seus olhos. Quero conversar com você.*

Ela o olhou firme e ele deu aquele sorriso aberto e franco que era tão peculiar quando estava bem.

Mas não era fácil. Parecia que conspirava contra ela tentando fazê-la sentir-se louca. Dizia a si mesma *"eu não sou desequilibrada, ele sim que é um doente"*.

— *Por favor, me escute. Sei que está assustada e talvez esteja pensando em me deixar.*

Não faça isso, não consigo viver sem você! Sou impulsivo, às vezes fico cego de raiva, me perdoa, me dê mais uma chance.

Prometa que quando eu estiver assim você ficará afastada de mim, se tranque no quarto ou saia até tudo passar, só não fale comigo.

As lágrimas escorriam pelo rosto de Carlos, ao mesmo tempo se fundiam ao seu sorriso autêntico.

Cecília permanecia em silêncio, ele a tomou nos braços e a beijou ternamente.

— *Me perdoa, só mais uma chance eu te peço, só mais uma...*

Cecília sentiu sinceridade nas suas palavras e nos seus olhos tão genuínos que demonstravam amor. Hesitava entre a mágoa e a paixão, de novo resolveu dar mais uma chance.

Afinal, não era justo terminar tudo assim, ele sempre foi um bom homem, a amava muito, repetia tentando se convencer disso, *"ele é bom!"*, talvez ela tivesse que mudar, nesses momentos de crise afastar-se, até tudo ficar bem.

Sim, convenceu-se de que apanhou porque mereceu, conforme Carlos costumava dizer. A culpa passou a fazer parte de sua vida.

Cecília só queria esquecer essa dor, correspondeu ao beijo e aos poucos Carlos deitou suavemente sua cabeça no travesseiro, tomou seu corpo, e desta vez amaram-se com delicadeza e ternura até ela gemer de prazer, e não de dor.

O FUTEBOL

"Vocês vão ver como é Didi, Garrincha e Pelé
Dando um baile na bola/ Quando eles pegam no couro
O nosso escrete de ouro/ Mostra o que é nossa escola
Quando a partida esquentar/ E Vavá de calcanhar
Entrega a pelota a Mené/ E Mané Garicha, Didi diz
que é por aqui
Aí vem gol de Pelé
GooooooolIIIIIIIIIIIIIIII"

Cecília admirava a pequena sala da vó Antonieta no Itaim Bibi, com uma mesa de madeira ao centro rodeada por cadeiras pesadas onde todos assistiam à final da Copa do Mundo de 1966.

As reuniões aconteciam sempre em volta de D. Antonieta. Eram filhos, genros e netos. Mesmo sem muito dinheiro, a união da família transformava uma simples salada de tomate com azeite do tio Bruno em uma comemoração especial.

Tio Luiz quando se exaltava o nariz ficava vermelho, por isso recebeu o apelido de bombeirinho. Com os seus olhos azuis grudados na tela da TV repleta de chuviscos aconselhava o técnico da seleção brasileira:

— *Não me decepciona agora!*

E dizia ao cunhado:

— Olha lá, Osvaldo, Aymoré Moreira saiu, Feola entrou. Vê se você traz esse caneco do Chile pra nós. Vocês ganham para isso.

— Para com isso, Luiz, você acha que ele pode te ouvir — retrucava tio Orestes.

Aquela pequena televisão em branco e preto da marca Invictus trazia o mundo para dentro de casa. Quando havia interferência na imagem, um deles subia no telhado e girava a antena.

— E agora melhorou?

— Roda mais para a esquerda.

— E agora?

— Mais para a direita. Melhorou.

— Espera, vou colocar uma palhinha de aço para garantir.

A nostalgia torna tudo mais bonito, pensava ela.

E que grande seleção continuaram os dois a enumerar:

— Gilmar, Djalma Santos, Nilton Santos, Didi, Zagallo, Vavá, Pepe, Zito, Bellini, Garrincha e Pelé.

Tio Bruno, que era casado com a tia Grazzia, narrava os acontecimentos:

— Apita o árbitro e dá início ao último jogo da copa entre Brasil e Tchecoslováquia. Essa copa é do Garrincha, já que estamos sem Pelé. É goooollll do Amarildo, empatouuu! Intervalo... E olha, que ele estava na reserva.

Vibraram todos na sala.

— Quanto está o jogo? — perguntava tia Dirce, que não conseguia assistir ao jogo por conta dos nervos.

— Empatado 1x1 — respondeu Luiz.

Vó Antonieta, tia Carmela e tia Grazzia colocaram na mesa queijo parmesão picado, linguiça calabresa frita com cebola, pão italiano, tomate salada e cerveja.

O TEMPO PAROU
assim que recebeu o primeiro tapa

— *E começa o segundo tempo: "ma che sofferenza"* — murmuraram ansiosos.

Só aos 24 minutos é que Zito vira o jogo, e nove minutos depois Vavá fecha o placar com 3x1.

— *É goooooooooooolllllllllllll!*

— *Acabouuuuu, acabouuuuuu!*

— *Brasilllllllllllll é biiii, é bicampeão!*

Nesse dia Pepê estava em casa, apareceu para nos visitar. Tornara-se um moço bonito e com muitas namoradas, Cecília já flertava com Carlos.

A rua estava toda enfeitada com bandeirolas verdes e amarelas. A vizinhança gostava de festejar e a rua mais do que um espaço público fazia parte também do espaço privado.

As vozes, essas ainda ecoavam nos ouvidos de Cecília, e todos estavam de atalaia do tempo.

CLARA CLAREOU

Cecília lecionava num grupo escolar municipal, naquele dia a chuva começou cedo, uma de suas crianças estava com muita febre e tosse.

Assim que a aula terminou resolveu acompanhar a menina com sua mãe até o posto de saúde. Estava indisposta também, aproveitaria então para conversar com o Dr. Caetano, velho amigo da família, para pedir uma medicação, sentia-se enjoada e sonolenta.

Logo, o resultado do exame confirmaria a suspeita médica.

— *Cecília, querida, você está grávida.*

Emocionada, tomou os exames nas mãos, leu e releu:

— *Deu positivo, positivo! Não vejo a hora de contar para Carlos, ele ficará muito feliz.*

Caminhou até seu apartamento, fazendo planos. Imaginava a expressão de surpresa quando lhe contasse a novidade. Antes de subir, entrou no mercado e comprou um espumante, iriam comemorar.

— *Agora seremos uma família completa, de verdade!*

Em casa, colocou o espumante para gelar. Preparou uns petiscos, colocou a mesa e foi se arrumar. Queria uma noite especial e que Carlos a admirasse.

Separou seu melhor vestido.

Perfumou-se toda, escovou os cabelos e se maquiou.

Depois de algum tempo, ouviu Carlos abrindo a porta.

— Cecília, cadê você? Nossa, tem festa aqui hoje e não me avisou?

Vai ao seu encontro sorrindo e passa o envelope.

— O que é isso? Não é mais conta, é?

— Claro que não, vamos, abra logo!

Ele abriu. Seu sorriso foi encolhendo, seu semblante perdeu qualquer expressão.

— Amor, o que aconteceu? Você não entendeu. Eu estou grávida. Teremos um filho, Carlos. — Sorriu emocionada.

Depois disso as coisas mudaram rapidamente.

— Só tenho dois avisos para te dar. Amanhã você vai pedir a conta desse seu empreguinho de professora, que não ajuda em nada. Esta casa está abandonada, imagine com uma criança aqui dentro. E coloque uma coisa na sua cabeça, Cecília, não conte comigo pra nada, não mudo minha vida por isso, você quis esse filho, agora se vira.

— Seu grosso, estupido. Eu te odeio!

Ele foi para agredi-la, ela conseguiu desviar o rosto de sua mão, correu trancando-se no quarto.

— Abra essa porta, Cecília. Eu estou mandando. Não abuse que coloco ela abaixo e te arrebento.

— Me deixa em paz, sai daqui. — Disse ela.

— Vou sair porque eu quero, você aqui não manda nada. Estou de saco cheio de ver sua cara, só me traz nervoso.

— Vou procurar um lugar onde tenha paz e carinho.

— Você é um atraso de vida, não me serve pra nada, sua vagabunda.

Escutou a porta da sala bater. Relutou um pouco. Precisava de um tempo para criar coragem e sair do quarto.

Foi devagar, olhando em volta com intensidade, sem piscar e com medo.

Sabia que havia desrespeitado Carlos e ele não a perdoaria fácil. Sim, ela era culpada, esse filho não havia sido planejado, errou na tabelinha e aconteceu.

O melhor que tinha a fazer era dormir essa noite no quarto de hóspede. Levou um copo de água e trancou-se no quarto.

— *Amanhã ele estará mais calmo e pedirei desculpa pelo que disse.* — Comentou como se falasse com seu ventre.

Estava cansada, lembrou-se da canção que Donana cantava para ela dormir

"Dorme menina

Que eu tenho o que fazer

Lavar e engomar/ A roupinha pra você..."

E logo adormeceu.

Os primeiros raios de sol entraram pelas frestas da janela e despertaram Cecília.

— *Não ouvi Carlos chegar!*

Foi até o corredor silenciosamente para espiar se ainda dormia.

A cama estava arrumada como ela havia deixado.

Essa foi a primeira de muitas noites que ele dormiria fora de casa sem dar satisfação.

A ESCOLA

As notas musicais do Hino Nacional preenchem toda a sala de Cecília.

"Ouviram do Ipiranga às margens plácidas
de um povo heróico o brado retumbante
E o Sol da liberdade em raios fúlgidos
Brilhou no céu da pátria nesse instante..."

Com uniforme impecável, saia plissada azul-marinho, camisa branca, gravata da cor da saia com as listas brancas que determinavam a série escolar, meias três quartos também brancas e sapatos pretos, todas as meninas da Escola Agrupada Vila Sonia I permaneciam em fila para a revista realizada pela diretora Dona Nadir, em seguida era a vez de inspecionar os meninos, que permaneciam em fila paralela a elas. Eles vestiam calça marinho, camisa branca, gravata, meia branca com sapatos pretos.

Nessa posição, todos com a mão no coração cantavam com respeito o hino nacional e ao término seguiam em silêncio acompanhados pela professora para a sala de aula.

A escola era toda de madeira em um terreno muito íngreme, com imensas valas causadas pela erosão das chuvas. Nos dias chuvosos, os sapatos eram carregados nas mãos, caminhavam com os pés descalços até a escola, quando chegavam, lavavam-se para colocar o calçado.

Dona Margarida era uma senhora de cabelos brancos na altura dos ombros e de pele bem alva, óculos com armação de tartaruga, uma professora respeitada.

Doce e dedicada, defendia seus alunos com determinação e carinho.

Uma escola pública do município de São Paulo, de construção pobre, nem pátio para o recreio tinha, toda área livre era descoberta e de chão batido.

Nos intervalos eram servidas as merendas como: sopas de fubá, macarrão, salsicha no molho com arroz e frutas de sobremesa.

Depois de comer, todos subiam o barranco e iam brincar. Agora, nos dias de chuvas isso era impossível, pois formava o maior lamaçal.

As crianças ficavam inquietas durante o recreio, brincavam de pega-pega, esconde-esconde. Cecília corria entre elas, quando passou entre um grupo de meninas da 4.ª série sentadas sobre uma escada de pedras:

— *Não pode passar por aqui, você está nos atrapalhando!*

Cecília passou apenas uma vez e foi brincar em outro lugar.

O sinal tocou e em fila todos caminharam sempre em silêncio para a sala de aula. A presença forte da diretora imprimia disciplina.

Ainda estavam recomeçando a aula, quando três alunas pediram licença para falar com as crianças.

— *O que desejam?*

— *Estamos procurando uma caneta que sumiu no intervalo.*

— *E por que vocês acham que essa caneta está aqui, suspeitam que alguém desta sala tenha roubado?*

— *Sim... sabemos quem foi.*

O TEMPO PAROU
assim que recebeu o primeiro tapa

— *Então, digam logo.*

Elas observam em silêncio por um instante, sabendo que essa história não acabaria ali.

Sem pestanejar apontaram os dedos em direção a Cecília.

— *Foi aquela ali!*

— *Você pegou a caneta? Fale a verdade.* — Questionou a professora.

Com medo apenas balançou a cabeça negativamente.

— *Venha cá, Ceci, não tenha receio. Eu acredito em você.*

Tomou-a nos braços, transmitindo-lhe segurança e conforto.

— *Quanto a vocês* — continuou —, *não se atrevam mais a invadir minha sala e apontar o dedo para qualquer aluno meu, sem prova. Retirem-se já daqui, não voltem mais. Cuidem melhor dos seus pertences antes de acusar os outros.*

Cecília olhou para Dona Margarida com muito carinho, essas lembranças agora vivem com ela. Foi uma das poucas vezes que alguém a defendeu.

— *Obrigada, professora, por ter feito parte da minha vida.*

DOE OURO PARA O BEM DO BRASIL

Algazarras das almas perdidas em sua volta invadem sua mente de vez.

As vozes dos colegas do ginásio ecoam e o falatório é intenso. Todos comentam sobre a campanha "Ouro para o bem do Brasil", que teve início no dia 13 de maio de 1964, data previamente escolhida para coincidir com a comemoração da Lei Áurea, o propósito era a população doar seus recursos, para o país arcar com sua dívida externa, equilibrando, assim, as finanças do Estado brasileiro, diminuindo os efeitos da inflação e valorizando a moeda nacional.

Cecília vê agora seus pais e irmãos ouvindo o rádio e o locutor anuncia direto da sede dos Diários Associados:

"A Campanha 'Ouro para o Bem do Brasil' será uma contribuição patriótica do povo brasileiro em todos os quadrantes da nossa amada Pátria para o Tesouro Nacional, objetivando o fortalecimento do lastro-ouro e a maior valorização da nossa moeda. Com esse gesto de amor ao Brasil, estará o povo brasileiro contribuindo, com o pouco que seja, para atenuar o impacto inflacionário alistando-se, igualmente, na Legião da Democracia para fazer com que a revolução atinja os seus altos objetivos.

Conclamamos a todos os patriotas e democratas a comparecerem no dia 13, às 18 horas, na rua 7 de abril, 230... ocasião em que serão recebidas as contribuições dos homens e mulheres democratas de nossa terra, contribui-

O TEMPO PAROU
assim que recebeu o primeiro tapa

ções que serão feitas com a entrega das suas alianças ou quaisquer outros objetos em ouro, recebendo os doadores a aliança ou anel-símbolo."

— Vamos, Antônio, quero ajudar o Brasil.

— Vá você, Donana, esses militares não levarão um tostão do meu bolso. Da che pulpito viene la predica!

Nas semanas seguintes, muitas cidades brasileiras aderiram à campanha, embora tenha se iniciado na capital paulista.

Não demorou para que as escolas começassem a receber também os donativos para encaminhar aos cofres do Exército.

Donana fez Cecília doar sua única correntinha de ouro.

— Para ajudar o Brasil pagar sua dívida externa — dizia ela.

No dia 9 de julho a campanha foi encerrada. Todos acompanhavam pelos meios de comunicação a comemoração, carretas transportando os 41 cofres saíram da sede dos Associados e em comitiva se dirigiam até o porto de Santos, onde foram embarcadas no Cruzador Tamandaré com destino à Casa da Moeda no Rio de Janeiro. Acompanharam também um grandioso show, com bandas do Exército e das polícias Públicas.

— Veja, Cecília, que linda festa!

Donana, extremamente patriota, acompanhava o hino nacional com emoção, enquanto seu Antônio murmurava:

— Para o povo basta o pão e o circo.

Stare con le mani in mano!

È vero...

MAS É CARNAVAL...

"Ei, você aí, me dá um dinheiro aí
Me dá um dinheiro aí..."

Cecília sentia-se sonolenta em sua cadeira de balanço com Esmeralda no colo.

Sem qualquer sinal visível de ânimo, pensava de forma vaga. Ainda esboçava um leve sinal de sorriso no canto da boca quando suas lembranças tornavam-se vivas.

Os blocos nas ruas passavam, cantando as marchinhas. Eram pierrôs, colombinas, palhaços, arlequins..

Carlos chegou em casa animado, carinhoso, convidando Cecília para o baile de carnaval no clube São João.

Surpresa com o bom humor do seu marido, sem questionar pediu para que Donana ficasse com as crianças.

Cecília já estava com dois filhos, engravidou de Betinho logo após o nascimento de Maria Clara.

Ousou ficar bonita, colocou um vestido bem colorido, na cabeça levava um arranjo florido e seus olhos mascarados.

Marcaram com um casal de amigos em frente à entrada principal do clube, às dez horas da noite.

Carlos providenciou um táxi para levá-los. Via-se nos olhos verdes de Cecília que queria aproveitar cada minuto daquela noite.

A marchinha era tocada com todo entusiasmo.

"Mamãe, mamãe eu quero/ Mamãe eu quero mamar
Dá chupeta, dá chupeta/ Pro bebê não chorar..."
Carlos havia reservado uma mesa para os quatro, depois de acomodados pediram bebidas. Todos queriam cervejas.

— Vamos, Carlos, venha brincar comigo, vamos para o meio do salão. — Puxava-o pela mão. — Venha — insistia.

— Estou indo, minha querida, essa noite será toda sua, prometo.

Cecília, com sua cerveja nas mãos, pulava e cantava alto todas as músicas tocadas pela banda, estava ao lado do seu homem e sentia-se única.

Embora soubesse das aventuras de Carlos, tinha convicção que era a esposa de papel passado até que a morte os separasse, mãe de seus filhos, e respeitaria os dogmas da santa igreja. Ele a amava, isso bastava.

"Se você pensa que cachaça é água/ Cachaça não é água não

Cachaça vem do alambique/ E água vem do ribeirão..."

Tudo estava tão real, nesse momento ela tinha liberdade, seu espírito dançava ao ritmo da marcha carnavalesca.

"Olha a cabeleira do Zezé

Será que ele é/ Será que ele é?"

Voltaram para a mesa cansados e suados de tanto pular, seus amigos também retornaram, mais uma rodada de cerveja foi servida e conversaram descontraidamente. Outros colegas que estavam no clube juntaram-se a eles, formando um grupo animador. Sandra, amiga íntima de Cecília, também se aproximou.

Um pouco mais jovem que Cecília, Sandra tinha postura de uma mulher desafiadora para sua época, morava sozinha, desquitada e sem filhos. Sua pele era bronzeada, cabelos longos e aloirados, olhos castanhos, sabia ser sedutora.

— Você que chamou essa mulher aqui? Não admito que te vejam andando com uma mulher largada, entendeu?!

— Amor, nós somos amigas desde o tempo do ginásio, não posso simplesmente deixar de falar com ela, ser separada não altera em nada o caráter.

— Cuidado com o que você pensa e olha com quem está andando! Eu não aceito mulher minha falada, ela é chamada de galinha pelo bairro inteiro, caralho!

— Por favor, Carlos, estamos com amigos aqui na mesa, podemos conversar em casa?

— Se prepara, você não sabe o que espera — retrucou ele.

Desde que Sandra começara a frequentar a casa do casal, Carlos demonstrava uma forte atração por ela e não fazia questão nenhuma de disfarçar isso.

As cantadas e convites para encontros furtivos eram constantes e ela tentava se esquivar sem alarde para não magoar sua amiga.

Numa tarde, tocou o interfone no apartamento e Carlos atendeu.

— Quem é?

— Carlos, aqui é Sandra. Preciso falar com a Cecília.

— Pode subir.

Ele não mencionou que Cecília não estava, acabara de sair com as crianças para uma consulta de rotina com o pediatra.

Sandra subiu as escadas até o 3.º andar, ao chegar no corredor encontrou a porta do apartamento entreaberta. Carlos assim que avistou seu vulto foi dizendo:

— Pode entrar, você aqui é bem-vinda.

— Boa tarde, Carlos, cadê Cecília?

— Ela deu uma saidinha rápida com as crianças, mas fique à vontade que eu não mordo — falou rindo.

O TEMPO PAROU

assim que recebeu o primeiro tapa

— *Não tenho medo de você* — respondeu secamente

— *Sente-se, posso servir algo pra você beber? Me acompanha em uma dose de whisky?*

— *Obrigada, não costumo beber a essa hora.*

Carlos vestia apenas uma bermuda, possuía um bom físico e sabia ser galanteador quando desejava.

Sentou-se próximo a Sandra e tentou forçá-la a beber do seu copo.

— *Pare com isso, já disse que não quero! Acho melhor voltar outro dia para ver Cecília e as crianças.*

Tentou levantar-se, ele a puxou pelo braço.

— *Fica! Sei muito bem que você quer o mesmo que eu, somos adultos e o que acontecer aqui ficará só entre nós. A sua amiga nunca vai descobrir.*

Continuou se debatendo para livrar-se dele:

— *Me solta não quero nada com você, seu nojento.*

— *Calma, você bravinha fica ainda mais gostosa. Tenho muito tesão por você, sei que também me quer. Mulher desquitada não precisa dar uma de difícil, você já foi usada e largada mesmo, vem cá, vem só um pouquinho. Quero te fazer feliz.* — Riu.

Nesse momento conseguiu se desvencilhar das mãos de Carlos, que tentava beijá-la, dando um tapa em seu rosto. Saiu às pressas do apartamento.

Desse momento em diante, Carlos começou a insistir com Cecília para que se afastasse de sua amiga Sandra, sentia medo que ela contasse o ocorrido. Porém, permaneceu calada, não sabia se deveria falar e até que ponto a sua verdade prevaleceria.

As horas foram passando e apesar do clima tenso entre eles, apenas Sandra percebeu. Carlos foi sentar-se com alguns amigos do outro lado da mesa, deixando Cecília sozinha entre as amigas. A presença de quatro rapazes atrás dele logo chamou atenção, um deles mandava sinais e a olhava insistentemente.

Com medo de que Carlos notasse alguma coisa, foi ficar ao lado dele.

— *O que aconteceu, mudou de lugar por quê?*

— *Só queria ficar perto de você.*

— *E sua amiguinha, vai largar ela sozinha?*

Carlos virou-se rapidamente e avistou os rapazes.

— *Fala a verdade ou te arrebento aqui mesmo, nem espero chegar em casa.*

— *Não aconteceu nada, juro! É que como eu estava desacompanhada um deles me fez sinal para saber se queria dançar, só isso.*

— *Sua vagabunda, você é igual àquela cadela des-classificada. Fica quietinha aí, não levante a cabeça, não se mexa porque se eu perceber que você deu bola te estouro agora, não faço papel de corno manso.*

Por alguns minutos Carlos ficou encarando os jovens atrás de si, minutos que para Cecília pareciam uma eternidade.

— *Pode respirar e levantar a cabeça, ele achou outra à toa como você, que já foi para a pista com ele.*

Cecília ergueu seus olhos vagarosamente, com a expressão assustada, e finalmente se deu conta do que realmente sentia por ele, não era mais respeito, era medo.

Já com o dia quase amanhecendo entraram no apartamento, exausta e triste com a descoberta dos seus sentimentos, só desejava dormir, mas ao deitar-se sentiu as mãos de Carlos que percorriam seu corpo.

— *Tire essa camisola e seja boazinha.*

Carlos divertiu-se até cansar, quando terminou, antes de se virar para o lado e dormir, disse:

O TEMPO PAROU
assim que recebeu o primeiro tapa

— *Você é uma mulher fria, depois o homem procura fora de casa e ainda vocês querem saber por quê.*

Sentiu-se suja, usada!

Cecília despertou por volta de 11h da manhã com a campainha tocando, lembrou que as crianças estavam com Donana, pulou da cama e correu para abraçá-los, raramente ficava longe de seus filhos.

Ao entrar na sala foi surpreendida com uma linda mesa de café da manhã caprichosamente arrumada. Ovos mexidos, suco de laranja, um bolo comprado na padaria, croissant, pão francês quentinho, manteiga, leite quente e café.

Havia também uma rosa vermelha em cima do assento de Cecília e um cartão com coração escrito "eu te amo". Carlos foi ao seu encontro abraçando-a e falou alto para que sua sogra e seus filhos ouvissem:

— *Você é a mulher da minha vida!*

Donana sentia-se orgulhosa e feliz, tinha grande admiração pelo genro, costumava dizer para Cecília:

— *Filha, agradeça a Deus, o homem tão bom que Ele te deu. Pai exemplar, companheiro e te trata com tanto carinho, olha em sua volta e dá valor porque não te falta nada.*

— *Verdade, como posso reclamar dele?! A culpa é só minha, que vivo desafiando e aborrecendo Carlos, preciso mudar* — falava para si mesma.

A tarde seguiu serena naquele dia, as crianças brincaram no parque, Cecília e Carlos assistiram a um filme na TV abraçadinhos como há muito tempo já não ousavam mais.

SIMPLESMENTE PEPÊ

Cecília sentiu uma presença se aproximando. Estava dispersa, consumiu um pouco mais do chá de erva cidreira, percebia uma agitação no ar, não havia luz, uma espécie de fumaça foi lentamente tomando forma em sua sala. Escutava uma voz chamando:

— *Negrinho, viene qui ragazzo.* — Falava vó Antonieta.

Pedro Peixoto Correia, conhecido como Pepê desde criança.

Numa certa manhã, madrugada ainda, Dona Antonieta acordou não com o canto dos galos, mas com choro de um bebê, ao abrir a porta se deparou com uma criaturinha dentro de uma caixa de papelão, era Pepê.

Trazia um bilhete junto ao seu corpo que dizia assim:

"Não tenho condições para cuidar dele, Dona Antonieta, e sei que a senhora poderá fazer isso por mim.

Meu menino não tem culpa dos meus erros, dei a ele somente meu nome apesar de ter um pai que poderia criá-lo, mas não quer a criança. Eu até entendo, é gente famosa, sabe.

Me deu apenas um dinheiro para que eu sumisse daqui. Vou trabalhar no exterior com uma família que também não quer que eu o leve.

Deixo nele apenas esse manto que fiz com as minhas próprias mãos e gostaria que guardasse para que quando ele crescer possa ter um pedacinho de mim. Obrigada por tudo, Maria Aparecida Correia.

Dona Antonieta agora sabia a quem pertencia essa criança e a que famoso se referia, suspirou e disse:

— *Dove mangia sette, mangia otto, mangia nove. Dio provvederà.*

Pepê foi criado em liberdade, adotado por toda a família, porém a palavra final sempre era da avó, vivia um pouco em cada casa das filhas já casadas nessa época e da avó Antonieta.

Passou a ser chamado de irmão, o mano Pepê.

Pepê adorava ficar no cortiço para brincar com as tias ou ajudar nos serviços domésticos. Cresceu um menino muito travesso, mas também educado.

A mesa de madeira que ficava no quintal do cortiço, onde dona Antonieta costumava preparar a massa de macarrão aos domingos, tinha uma fresta ao meio que enchia de farinha. Pepê relutava por algum tempo, até que a avó saísse de perto só para passar a faca na fresta e ver toda a farinha cair no chão.

O mais divertido era ver Dona Antonieta a gritar:

— *Vattene da qui monello!*

Pepê calculava quanta energia precisava para escapar dos puxões de orelha da avó. Às vezes não havia tempo e ela o capturava antes, além dos beliscões recebia a vassoura para varrer o cortiço inteiro.

Quando pequena, Cecília era uma menina tímida, sempre de cabeça baixa, com vestido que ganhava das primas mais velhas que ficavam grandes em seu corpo e no meio das pernas, vivia descalça ou no máximo com um par de chinelos de borracha velhos, com seus cabelos sempre emaranhados.

Pepê, um menino bonito, pele morena e cabelos castanhos, tinha os olhos escuros e penetrantes. Fazia sucesso no meio dos grupos, era o centro das atenções, gostava de contar estórias e de ser engraçado.

Considerado o terror da rua onde morava, tudo que acontecia o acusavam.

Falou certa manhã para seus primos:

— *Olha o que achei, é uma bombinha de São João, vamos amarrar no rabo do gato de dona Linda pra ver o que acontece.*

Aconteceu que o gato saiu em disparada e não demorou nada para Dona Linda ir à porta de Dona Antonieta reclamar do menino.

— *Maledetto ragazzo, non so cos'altro fare con te.*

As reclamações eram diárias em sua porta.

Certo dia ele resolveu fazer uma armadilha na sua rua de terra, juntou diversos cacos de vidro, abriu um buraco espetando os cacos todos com as pontas para cima. Colocou umas varetinhas para disfarçar a armadilha, cobriu primeiro com jornal, jogando uma camada de terra por cima.

Naquele tempo, a maioria das crianças andava descalça e sem prestar atenção por onde pisava.

Ele e sua turma ficavam à espreita escondidos, esperando alguém cair dentro do buraco e furar os pés nos cacos.

Não conseguiam segurar o riso quando quem caía era da turma rival, chegavam a sentir câimbras de tanto rir.

Algum tempo depois, já estavam aprontando de novo.

Pepê, Décio, Tegué, Paulo e outros meninos tinham habilidade e muita destreza para criar situações e obter informações para estabelecerem seus planos.

Uma certa vez, passando em frente à marcenaria do Sr. Romano, recolheram muitos toquinhos de madeira que estavam jogados no chão. Estacaram todos enfileirados na terra e aguardaram a noite chegar.

Escondidos, quando ouviam os gemidos e palavrões corriam para ver quem tinha levado o tombo e caíam na risada.

— *Seus filhos da puta. Vai ver quando te pegar, seus moleques do cacete.*

Celia morava no cortiço, de uma família muito pobre, tinha conquistado o coração de Pepê, embora ele não admitisse isso.

Voltava da padaria com meio litro de leite, quando tropeçou nos toquinhos e caiu. A garrafa de leite se espatifou e Célia se pôs a chorar.

Dessa vez, Pepê não riu, sentiu remorso. Queria socorrer a menina, mas tinha vergonha dos amigos que iriam caçoar dele. Com certeza, gritariam:

— *Tá apaixonado, tá apaixonado!*

Foi dormir arrependido. Juntou suas moedas e no dia seguinte comprou um litro de leite, entregando para a mãe da Célia no cortiço.

Tegué era o apelido de um amigo que Pepê gostava muito.

Sempre que podia, levava-o tomar café ou almoçar na casa da vó Antonieta. Tegué adorava futebol. Seus pais não tinham dinheiro para comprar a bola que tanto ele queria.

Pepê quis agradar o amigo e resolveu fazê-la com as próprias mãos.

Encontrou na gaveta jogado há tempo um bilboquê, pegou essa bola de madeira, envolvendo-a em panos, meias velhas de suas tias, passou cola de farinha de trigo, aumentando seu tamanho, e foi para a rua gritando o nome do Tegué.

— *Tegué, Tegué, olha o que fiz pra você! Pega que agora essa bola é sua.* — Falou Pepê.

Jogou a bola com as mãos e o menino chutou com o pé esquerdo.

— *Seu carniça vagabundo, vai pra puta que te pariu. Arrebentou com o meu pé e agora eu vou arrebentar a tua cara, desgraçado de uma figa.*

Os dois se rolaram na terra vermelha até a Dona Antonieta chegar.

— *Maledetto marmocchio! Oggi ti spacco.*

Pepê foi para casa debaixo de safanões e Tegué ficou uma semana sem aparecer no cortiço.

A casa de dona Antonieta virou uma fortaleza para que ele não fugisse do castigo e quando finalmente foi liberado sob promessas de se comportar, saiu com seu bodoque para caçar.

Só uma coisa ele temia, quando ouvia sua avó ameaçar:

— *Attenzione, una carrozzina de bambino viene a prenderti.*

SIMPLESMENTE CECÍLIA

Sentia os espíritos ainda à sua volta. As vozes, às vezes em sussurros, por vezes lamentos ou apenas risos.

Pedro permanecia em seus sonhos. Embora casada, acreditava amar Carlos, porque essa era sua obrigação. Jurou amá-lo e honrá-lo nas alegrias e nas tristezas para todo o sempre.

Os olhos de admiração que nutria pelo menino brilhavam toda vez que nele pensava.

— *Quando crescer quero casar com você.*

Só ele não sabia.

Teve poucos namorados. Lembrou-se do namorado que terminou com ela porque ainda não sabia beijar. Agora estão todas as sentinelas olhando para ela. Eles fizeram parte da sua vida em um momento que acreditou que a felicidade plena existia.

Sonhava ser aeromoça ou modelo de passarela e ainda quem sabe poder participar de uma das expedições dos irmãos Villas-Bôas na Amazônia, vivendo entre os povos indígenas.

Esses sonhos começaram a desfazer-se quando atravessou a avenida e conheceu Carlos. Tão jovem ainda, ele representava tudo que havia desejado para viver um grande amor, passava proteção.

Carlos era um homem maduro, bonito e transmitia segurança. Travava Cecília como uma joia frágil com um cuidado especial, com carinho, respeito, doçura e sabia usar o seu poder de manipulação.

Acreditava nele, tudo dele era verdadeiro.

Carlos começou a demonstrar alguns traços de desvio de personalidade quando deu o primeiro tapa em Cecília na saída do consultório médico dentro do carro, mas para ela fora apenas uma crise de ciúmes.

— *Não deveria ter ido vestida daquele jeito com um vestido tão provocativo, fui eu que errei – pensava ela. — Ele é um homem muito bom, não deixa nos faltar nada. Só deseja em troca que eu seja mais compreensiva e não o contrarie, apenas isso. Será muito? — Perguntava-se.*

Às vezes no meio da noite, Pepê vinha tirar-lhe o sono, pensava como teria sido se tivesse se casado com ele. Imaginava como seria se pudesse tê-lo por uma única vez, sentir seus corpos colados e dizer tudo que foi sufocado por anos de existência. Lembrou-se então de que estava deitada ao lado de Carlos.

A culpa volta a tomar conta do seu pensamento.

— *Ele tem razão, eu sou mesmo uma vagabunda, um verme, como Carlos costuma dizer, ele tem razão, eu não presto.*

Lembra que leu em uma revista, uma certa ocasião, sobre psicopatia.

"A psicopatia é um transtorno de personalidade caracterizado por alterações no comportamento, como falta de empatia, afeto e gerenciamento da raiva inadequado. A pessoa psicopata tende a ser manipuladora e centralizadora, apresentando, assim, comportamentos extremamente narcisistas e não se responsabilizando por nenhuma atitude. Mente de forma natural, podendo até fingir emoções, as principais características são: falta de empatia, comportamento impulsivo, falta de controle da raiva, egocentrismo, falta de remorso.

O TEMPO PAROU
assim que recebeu o primeiro tapa

Além dessas características, a psicopatia apresenta outras características, como estilo de vida dependente de outras pessoas, manipulação, relações sociais de curta duração e realização de atitudes ilegais de forma repetida, no entanto esta não é uma regra para todos os psicopatas..."

— *Não, esse não é Carlos!* — Disse após concluir a leitura do artigo. — *Ele não é doente, apenas gosta das coisas da maneira dele, trabalha muito por isso, fica tão nervoso, ele gosta das coisas certas.*

Cecília já não se move da sua cadeira de balanço, Esmeralda permanece mansa em seu colo, suas pernas estão paralisadas. Apenas seus sentidos ainda reagem a estímulos. As vozes continuam a conversar com ela, os espíritos vão mostrando toda a história de sua vida.

Agora está no banheiro do ginásio lendo *O Pasquim*. Entra Márcia, sua colega de classe, gritando:

— *Turma, a inspetora vem aí!*

Eram pontas de cigarros e jornais sumindo de circulação!

"Pois eu vou me embora/ Vou ler meu Pasquim se ela chegar e não me ver/ Vai correndo atrás de mim."

Cantarolava baixinho Cecília com os sussurros que ainda restavam.

SIMPLESMENTE CARLOS

Carlos aprendeu muito cedo a defender-se sozinho na vida. Aos oito anos perdeu a mãe.

Foi um menino solitário, carinho só recebia da mãe. Seu pai era mais rude, porém o queria bem, do jeito dele.

Casou-se novamente, precisava de uma mulher que o ajudasse a cuidar dos filhos.

Sua madrasta queria ter seus próprios filhos e Carlos não caberia mais nesta família, ele se tornara uma criança birrenta e costumava ser desobediente, apesar das surras que levava do pai.

Com o tempo decidiram levá-lo para um colégio interno vicentino no interior do Paraná, um sistema gratuito e muito severo.

Às seis horas da manhã já estavam acordados, arrumavam suas próprias camas e depois seguiam para a capela assistir à missa, só então eram liberados para o café da manhã. A porção que cabia a cada interno consistia em uma caneca de café com leite, pão com manteiga servidos no refeitório e só, sem poder repetir.

O sino tocava precisamente às oito horas da manhã e todos já tinham que estar em fila indiana. Seguiam para as salas de aula e estudavam até o meio-dia, apenas com um intervalo às dez horas de 15 minutos, quando era oferecida uma fruta de época a eles.

O almoço era simples. Após uma hora de descanso seguiam com suas atividades obrigatórias, como cuidar da

O TEMPO PAROU
assim que recebeu o primeiro tapa

horta, regar as plantas, varrer o pátio, lavar os banheiros e fazer as tarefas da escola. Com as obrigações realizadas, eram liberados para uma partida de futebol ou simplesmente conversarem.

No início aguardava com ansiedade as visitas do pai, que aos poucos foram se tornando cada vez mais escassas após o nascimento de mais dois irmãos. Assim, acostumou-se com a ausência.

Contudo, permanecia obcecado com a ideia de fugir do colégio interno, sonhava viver solto, sem ser vigiado e fazer tudo aquilo que desejava.

Precisou de um tempo para organizar um plano e escapar pelos muros vigiados por padres.

Numa certa manhã, enquanto os padres estavam na missa, ainda pela madrugada, ele e alguns amigos, com ajuda de uma corda que estava bem guardada por eles, conseguiram escalar as paredes e saltaram para a rua.

Eufóricos e libertos caminharam pelas ruas da cidade. Olharam as vitrines, admiravam-se com os carros até que a fome começou a gritar. Sem dinheiro algum, como se alimentar ou ir para muito longe? Perguntavam-se.

Propositalmente saíram correndo de encontro a uma barraca de frutas, derrubando-a. Foram maçãs, peras e goiabas rolando pelo chão, pegaram o que podiam e saíram em disparada. O velhinho gritava:

— *Pega ladrão! Pega aqueles moleques fujões.*

Depois de muitos becos corridos, sentaram-se na calçada e comeram tudo que haviam conseguido carregar. Um dos meninos perguntou:

— *O que faremos agora, vamos virar bandidos? Estou com medo, quero voltar.*

— *Deixa disso, vamos ter grandes aventuras, não seja frouxo, porra.*

Continuaram caminhando, cansados, com a noite caindo e com sono, todo o entusiasmo começou a desaparecer.

— *Vamos voltar. Com sorte nem sentiram nossa falta.*
— Comentou Carlos.

Os vicentinos os aguardavam no portão.

O castigo foi severo. Os esportes de que tanto gostavam foram retirados por um mês, durante esse período tinham que lavar todos os banheiros. No intervalo ficavam de pé encostados em uma coluna enquanto os outros se divertiam.

O tempo e a punição passaram. Aos poucos Carlos foi gostando da escola.

Certa manhã, estava na aula de latim quando o padre Olegário bateu na porta:

— *Bom dia, vim buscar o aluno Carlos. Por favor me acompanhe.*

Na reitoria encontrou seu pai e foi comunicado que iria deixar o internato.

Seu pai decidiu que já estava em idade de começar a trabalhar para ajudar nas despesas de casa.

Os problemas só se avolumaram assim que chegou em casa. Não se entendia com a madrasta e com dois irmãos menores, Carlos continuava a ser rejeitado.

A melhor parte do frango era reservada aos irmãos, o melhor cobertor, a melhor cama.

Logo, começou a trabalhar em uma oficina mecânica. Ficou feliz, porque teria o seu próprio dinheiro para comprar e comer o que tivesse vontade.

No dia do seu primeiro pagamento, seu pai foi até a oficina para receber por ele e assim foram todos os meses seguintes. A ele era dada apenas uma pequena parte para ir ao cinema com a namorada ou coisa assim.

Sua diversão, após lavar a louça do jantar, era dar uma volta na vila com amigos, com hora marcada para retornar para casa, ou dormiria na rua.

O TEMPO PAROU
assim que recebeu o primeiro tapa

Envolvia-se constantemente em brigas, chegava em casa machucado e ouvia do seu pai:

— *Questa dannata cosa mi porta solo problemi, fanculo!*

Uma noite, brigou dentro de um bar, a polícia foi chamada. Carlos ainda era menor de idade. Ele e seus amigos foram levados para a delegacia.

Os pais dos seus colegas pagaram a fiança e levaram seus filhos para casa. Quando seu pai chegou disse ao delegado:

— *Lascia questo trasgressore qui, dottore! Ritorno tra tre giorni.*

Só Carlos ficou!

Sonhava encontrar uma jovem bonita, doce, dedicada, para que cuidasse dele e que fosse acima de tudo obediente. Ele sempre foi muito volúvel, teve muitos casos amorosos e continuou a ter mesmo depois que encontrou a inexperiente Cecília.

LEMBRANÇAS DISTORCIDAS

Cecília, Cecília.

Uma voz baixa chegava aos seus ouvidos.

— *Você me chamou e eu vim.*

Entorpecida, moveu a cabeça lentamente e viu sua mãe, Donana.

Não tenha medo, estou com você, vim para ajudá-la.

Donana tomou as mãos de Cecília, a sensação de flutuar era muito boa e do alto viu-se criança outra vez.

Sentada na mureta do poço de água, segurava sua caneca com cara de urso, comia mingau de aveia enquanto sua mãe esfregava roupas no tanque para depois colocá-las em quarar na grama no sol quente.

Os caranguejos que seu pai trouxe para o jantar tentavam escapar da bacia lotada de água, com medo de que fossem atacá-la Cecília foi para o jardim.

Na beira do laguinho artificial que seu irmão construiu para criar seus peixinhos coloridos, começou a brincar com suas falsas panelinhas.

Na sua imaginação de criança, saía para pescar os peixes no lago do seu irmão, preparando-os para o almoço da Belinha, sua boneca de pano, faria peixes empanados.

Cecília colocava suas mãos no lago e escolhia os mais coloridos, passava-os na areia e na sua panelinha brincava de fritar os peixinhos no sol, e quando cansava devolvia-os para o aquário.

O TEMPO PAROU
assim que recebeu o primeiro tapa

Todos estranharam o fato de os peixes aparecerem mortos inesperadamente. À noite seu irmão dizia:

— *O que acontece com esses peixes? De manhã estão bem e agora todos boiando. O que será que está atacando esses peixinhos? É mistério.*

As vozes prosseguiram e Cecília observava suas amigas cantando e batendo palmas:

"Lá em cima do piano/ Tem um copo de veneno

Quem bebeu, morreu/ O azar foi seu..."

Vê-se voltando da escola com seu uniforme impecável, quando foi abordada por um jovem muito bonito pedindo informação.

Continuou distraída caminhando e olhando para trás batendo violentamente em um poste da rede elétrica, caiu dentro de um latão de lixo.

Com muita vergonha do rapaz bonito, levantou-se e saiu correndo sem responder se conhecia o endereço solicitado.

Riu ainda mais lembrando-se do dia que tropeçou e nadou dentro de uma poça de lama.

— *Mãe, como é bom voltar para o seu colo.* — Murmurou Cecília sentindo-se acolhida de novo.

Aos poucos Donana soltou as mãos de Cecília e foi se afastando, deixando-a dormir tranquilamente.

O LADO AVESSO
DE CARLOS

Com bolinhos de chuvas leves e macios numa tarde nublada e uma xícara de chá mate quentinho o domingo se despedia.

A receita de vó Antonieta era sempre sucesso.

2 xícaras de farinha de trigo

½ xícara de açúcar

1 ovo

1 xícara de leite

1 colher de chá de fermento em pó

Misturar bem todos os ingredientes e fritar em óleo bem quente, por fim polvilhar com açúcar e canela.

Cecília, Carlos e seus filhos vivendo um momento raro de união, era a família que sempre sonhou ter, estava feliz.

Todos sentados no sofá, enrolados em uma manta, o telefone tocou. Carlos deu um pulo rápido, correu para atender, falava em monossílabas.

Desligou e disse:

— *Tenho que sair.*

Tentava controlar a expressão em seu rosto.

— *Para onde, Carlos? Com esse tempo...*

— *Vou ver um amigo que não está bem.*

Com pensamento rápido, unindo as peças, aquela situação não agradou a Cecília.

O TEMPO PAROU
assim que recebeu o primeiro tapa

Entrou no quarto, tomou um banho e se arrumou. Já na sala procurou pela chave do carro e foi direto para a porta.

— *Vai demorar, Carlos?*

— *Não sei, depende de como ele está, pode ir dormir, não precisa me esperar.*

Sentiu um aperto em seu coração.

— *Ele está mentindo* — pensou ela.

As crianças foram para a cama e ela ficou na sala com a TV desligada, tentando imaginar onde ele estaria e com quem.

Encostada na poltrona teve leves cochilos, observava o relógio e via as horas passarem. Quando o cuco deu três badaladas ouviu o barulho da chave sendo colocada na fechadura.

Ele entrou devagar para não fazer barulho e acendeu o abajur. Cheirava a álcool e perfume barato. Assustou-se com a presença de Cecília.

— *O que você está fazendo acordada? Parece um zumbi assombrando a casa!*

— *Só estava preocupada com sua demora.*

— *Me deixa em paz, não preciso de babá*

Cecília tentou abraçá-lo com carinho e Carlos a empurrou.

— *Para com isso, que homem tem tesão de voltar para casa e encontrar uma mulher chata, gorda e acabada como você? Não seja vulgar, se comporte como uma mulher casada e não como uma qualquer. Quem é que vai querer uma mulher assim?*

Dirigiu-se para o quarto, jogou-se na cama sem trocar de roupa, adormecendo rapidamente. Aquela noite não dormiu, por alguns instantes parou em frente ao espelho e passou suas mãos pelo rosto, cabelo, acariciou sua barriga e as lágrimas rolaram.

— *Ele tem razão! Estou acabada, feia, minha barriga está flácida, estou longe de ser ainda uma mulher atraente. Já não sei nem conversar, me falta assunto, só sei falar de receitas e filhos, me tornei uma pessoa sem graça. Se Carlos me deixar, o que será de mim? Ninguém vai mais me querer.*

Deixou de admirar-se a muito tempo, sua vida era Carlos, seu amor tornou-se submisso, doentio e inseguro, sentia medo dele e medo de perdê-lo.

— *Se ao menos ele me deixasse voltar a trabalhar fora!*

Repetia para o espelho as palavras de Carlos:

— *Mulher minha é do lar, sou homem suficiente para sustentar minha família.*

Realmente nada faltava para sua família, também não sobrava para que Cecília pudesse se cuidar, Carlos não fazia questão nenhuma que isso acontecesse, estava proibida de se maquiar, batom somente os clarinhos. A última vez que se maquiou para sair com sua amiga Sandra, Carlos comentou que ela parecia uma puta.

Murmurava a letra da música, para tentar desviar seus pensamentos da dor que sentia naquele momento. Tinha pena de si mesma, queria ter coragem de reagir, mas o medo a paralisava, afinal, tinha os filhos, a sociedade cobrava e não tinha como sobreviver sem ele, já não servia para nada, segundo Carlos.

"Jurei mentiras e sigo sozinho/ Assumo os pecados

Os ventos do norte não movem moinhos/ O que me resta é só um gemido..."

Às vezes permitia-se sonhar e nessa solidão pensou no menino que desapareceu de sua vida, por onde andaria seu mano Pepê? Será que ele a trataria assim ou poderia desejá-la?

— *Imagina, se ele vai querer uma mulher tão desinteressante, como a que me tornei.*

O TEMPO PAROU
assim que recebeu o primeiro tapa

A segunda-feira amanheceu. Carlos levantou como se nada tivesse ocorrido, ele nem notou as olheiras de uma noite de choro e ausência de sono que marcaram Cecília.

A mesa do café da manhã estava colocada, as crianças prontas para a escola, alimentadas e as lancheiras arrumadas.

— Se você quiser posso deixá-los na escola, pelo visto vai se atrasar, a não ser que vai sair assim para levá-los. Vão pensar que tem bruxa solta na rua. — Riu dela.

Carlos chegou ao anoitecer. Estava manso, sorridente, com um maço de flores nas mãos e uma caixa de bombons. Beijou-a com ternura.

—— Não fique brava comigo, meu amor, se te respondo mal é porque você merece. Não gosto de brigar com você. Esquece isso, certo?

Hoje não quero você na cozinha, vou levá-la para jantar fora, se arruma e fica linda pra mim essa noite. Eu te amo, Cecília, entenda isso de uma vez por todas.

Eu cuido de você, é só fazer o que te peço, que viveremos sempre felizes.

O jantar foi agradável, conversaram e riram muito e na madrugada amaram-se do jeito que Carlos gostava.

APESAR DE VOCÊ

Cecília continua presa à sua cadeira de balanço; Esmeralda, a gatinha, não a deixa sozinha.

Continuava observando a janela molhada por pequenas gotas de chuva que formavam imagens de rostos, ora familiares, ora com aparências deformadas, assustadoras. Cada vez mais ausente da realidade, como se não fizesse mais parte deste plano. A vida inteira era exibida diante de seus olhos. Já não tinha certeza de nada, se o que via eram fantasmas ou se estaria louca.

Um frio intenso tomava conta do seu corpo, um arrepio percorreu sua pele, com esforço se encolheu ainda mais debaixo de cobertor, e voltou para 1968.

A TV em preto e branco anunciava que um ano terrível se apresentava na história do Brasil, que culminou com o Ato Institucional Número Cinco, e entre várias medidas autoritárias o AI-5 determinava a censura prévia da cultura e da imprensa, a ilegalidade de reuniões públicas não autorizadas e a suspensão de direitos dos cidadãos como inimigos do sistema.

"E eu digo não/ E eu digo não ao não
Eu digo: É proibido proibir/ É proibido proibir"

Apesar da violenta repressão policial aumentaram no país as manifestações públicas contrárias à ditadura militar. Estudantes foram às ruas em passeatas; operários organizavam greves contra o arrocho salarial.

O TEMPO PAROU
assim que recebeu o primeiro tapa

No Rio de Janeiro, mais de cem mil pessoas saíram em protesto contra o assassinato do estudante Edson Luís, de 18 anos, pela polícia.

O Congresso Nacional propôs que a população boicotasse a parada militar de 7 de setembro, e diante dessa resistência dos parlamentares, os líderes do governo reagiram energicamente e determinaram o fechamento do Congresso, cassaram vários parlamentares e decretaram então o AI-5.

— *Foi nesse tempo que calaram Geraldo!* — Pensou Cecília.

Lembrou de sua prima mais velha Maria Helena e o quanto eles pareciam um casal perfeito, casaram-se cedo e tiveram dois filhos.

Geraldo era um repórter reconhecido em seu meio, um exímio fotógrafo, desempenhou um papel importante em várias revistas famosas.

Entre essas viagens de trabalho, Maria começou a sentir-se muito sozinha, até que um dia envolveu-se com outro, traindo Geraldo.

A separação aconteceu por um tempo, porém, apaixonado, ele tentou mais uma vez.

A segunda tentativa também falhou e veio desquite. A mulher desquitada era muito discriminada. Chamada de largada, fácil, não confiável, e representava perigo às outras mulheres casadas. O erro recaía sempre na mulher no ato da separação, ela era a única responsável pelo fim do casamento.

Veio também a perda da guarda de seus filhos, e só poderia vê-los de longe, jamais aproximar-se deles, até que eles completassem maior idade.

Cecília riu quando se lembrou das palavras de seu primo Geraldo:

— *Nunca pinte seu rosto, menina, você não precisa de maquiagem, você é bonita assim, natural.*

Ele foi um homem gentil, sensível e divertido.

Geraldo casou-se novamente e teve mais dois filhos, e seus filhos Luiz Carlos e Sônia, do primeiro relacionamento, foram morar com os avós paternos e depois com seus tios.

Em 1967, Geraldo como fotógrafo e um companheiro repórter aventuraram-se em uma matéria sobre o "País do medo", o Haiti, quando se comemorava dez anos no poder do ditador Papa Doc, esse roteiro foi marcado por uma tática de como escapar da vigilância política dos Tonton Macoute, o braço repressor da ditadura.

Percorreram o Haiti por 27 dias como repórteres esportivos, quando sentiram a pressão da vigilância, Geraldo pegou os filmes que estavam escondidos na caixa d'água do apartamento e deu ao companheiro, que os guardou no forro do blusão e saiu do país no primeiro avião, em seguida Geraldo viajou com material esportivo sem que levantasse suspeita.

Cecília recordava com orgulho a história do seu primo, ainda tem na memória o que sua mãe Donana e seu pai Antônio falavam sobre ele, como o dia que foi fazer uma reportagem de uma peça teatral no Nordeste e ao se afastar para poder fotografar melhor caiu do palco fraturando o crânio em três lugares. Longos meses passaram-se entre o coma, o delírio e a reabilitação, durante esse período de alucinações chamava pelo nome de Maria.

Um tempo depois do seu restabelecimento, soube-se que estava trabalhando em uma matéria perigosa, alguns comentavam que era sobre o tráfico de drogas e outros diziam ser sobre o regime militar no Brasil.

Numa noite foi à casa de sua irmã, a qual tinha a tutela de seus filhos, e disse:

O TEMPO PAROU
assim que recebeu o primeiro tapa

— *Se um dia vocês souberem que eu apareci morto, não vão atrás de ninguém e de nada! Eu já vivi tudo que tinha pra viver, mas não se envolvam nisso, só cuidem dos meus filhos.*

— *Você está louco, Geraldo? Você bebeu? Vai para sua casa dormir e não fala besteira.* — Falaram a irmã e o cunhado.

Seis meses depois, participava de uma festa de despedida para um amigo também jornalista que iria cobrir a guerra do Vietnã. Por volta de três horas da manhã, saiu da festa e foi a um bar comprar cigarros e quando estava voltando já havia um taxi esperando por ele, não se sabe se foi obrigado a entrar nesse táxi, só se sabe que entrou. Lá havia outro homem além do motorista, levaram-no próximo ao Campos de Marte, ali recebeu o primeiro tiro ainda dentro do carro, jogaram-no para fora, quando foi baleado pela segunda vez nas costas.

O guarda noturno que fazia a ronda daquela região presenciou o assassinato, viu o carro fugir, quando se aproximou de Geraldo ouviu apenas ele dizer:

— *Covardes, covardes, covardes...*

— *Geraldo foi um grande homem, determinado, justo, a sua morte ficou sob sigilo, ninguém sabe o que realmente aconteceu* — refletiu Cecília.

Só se sabe que um tempo depois, seu filho estava em uma padaria com o tio e chegou um representante do Exército brasileiro dizendo:

— *O crime já está resolvido. Esse assunto se encerra aqui. O esquadrão da morte fez justiça.*

Seu pai Antônio desaparecido, seu primo assassinado, *"que ligação teriam essas histórias?"*, continuou a pensar.

— *Covardes, covardes, covardes!*

O POETA
(memória póstuma)

De repente, um vozeirão ecoava como um estrondo cortando o silêncio, rasgando o ar.

A sala estava fria, ausente de luz e de vida.

Anoitecia, a chuva não cessava. As forças de Cecília estavam no final. Cada vez mais pálida, os olhos permaneciam estagnados reagindo apenas ao som da voz do poeta Pezão.

Seu irmão voltara.

— *Marco!*

Ele se aproximou como antes e beijou a mão de Cecília e disse "te amo, mana", entregando, como sempre fez, uma flor.

Um homem forte, bonito, alto. O seu jeito galanteador conquistava corações. Uma mente privilegiada, enxergava a vida além do seu próprio tempo.

Sensível e arrebatador, tudo nele sempre foi muito intenso e verdadeiro, amava profundamente cada uma à sua maneira, se revoltava e defendia os que dele necessitavam.

Tinha o dom da palavra e da oratória, a poesia era sua vida.

— *Quem é da poesia grita, aeeeeeeeeeeeeeeeeeeeeeee.*

"Nóis" é ponte, atravessa qualquer rio...

— *Esse é o Pezão – pensa Cecília.*

O TEMPO PAROU
assim que recebeu o primeiro tapa

Os poetas não morrem! Você se eternizou.

E nesse momento ele soltou sua voz forte como um trovão:

Você tá louca, não tá vendo
O que eu tô vendo, você tá louco
Não tá vendo, o que eu tô vendo
Você tá louca. Você tá louco
Eu não me rendo. Eu não me rendo
Eu não te vendo. Eu não me vendo
Você tá louca, não me diz o que cê vê
Você tá louco, não me diz o que cê vê
Eu não te vejo, eu não me vejo
Eu não te beijo, só quero um beijo
Então me beija, você tá louca
Então te beijo. Você tá louco
Você tá louca, não tá vendo que é amor
Você tá louco, não tá vendo que é amor
O que é amor? O que é amor?
Então me beija. Eu não te beijo.
Então me deixa. Eu não te deixo
Então te deixo. Então me deixa
O que é amor? O que é amor?
Você tá louca. Você tá louco
Você tá louca. Você tá louco
Então me beija. Então te beijo
Então me beija. Então te beijo...
Você tá louca e tá vendo o que eu tô vendo...?
Você tá louco e tá vendo o que eu tô vendo...?

Então me beija... Então me beija.
Me... boca louca...

A rosa ficou caída no chão e Cecília se despede.

O REENCONTRO

"O sorvete é morango (é vermelho)
A rosa e o sorvete (é vermelha)
Oi, Girando, girando (é vermelha)/ Olha a faca!
(olha a faca!)"

A gatinha Esmeralda miava como se tentasse manter Cecília acordada, já que seus olhos insistiam em fechar. Faltava calor em seu corpo e sua pele era de uma palidez quase transparente, via-se suas veias azuladas. O ar raro que ela buscava com dificuldade não era suficiente. O som agora era apenas o tic tac do relógio que marcava rigorosamente o tempo da vida.

Alucinações, delírios, espíritos, seja lá o que for, permaneciam de sentinelas.

Sentiu o beijo frígido de Carlos no seu rosto e sua voz dizendo no início da manhã:

— *Já estou saindo, devo voltar só daqui a dois ou três dias, fiquem com Deus e de olhos nas crianças.*

Estava de viagem marcada para o interior a serviço, e de certa forma Cecília sentiu alívio, seriam momentos que ocorreriam mais leves, sem pressão, sem gritos, sem cobranças.

Carlos deixaria os filhos na escola e depois iriam passar a tarde com a avó, portanto, teria o dia só para si como há muitos anos não acontecia.

Permitiu-se ficar até mais tarde na cama e deixá-la desarrumada, tomou um longo banho, usou seu hidratante preferido, passou perfume, escolheu o melhor vestido, arrumou os cabelos e se maquiou.

Já em cima de seu salto alto há tanto sem uso, Cecília preparou o café.

Sentou-se na poltrona reservada só para Carlos e ligou para sua amiga Sandra.

— *Algum compromisso para hoje?*

— *Para você, minha amiga, tenho todo tempo do mundo, afinal é seu dia de alforria. O que deseja fazer?*

— *Pensei em tomarmos um café após o almoço na Av. Paulista, um passeio no Trianon, o que acha?*

— *Fechado! Te espero no café que frequentávamos às 15h.*

Cecília passou sua manhã vendo programas de culinária na TV, coisa que na rotina do dia a dia não conseguia fazer. Por volta do meio-dia, abriu a geladeira e procurou alguma sobra do dia anterior para se alimentar.

Tomou um café, acendeu um cigarro, observou pela janela o movimento da rua. Sentiu-se estranha, como se algo surpreendente fosse invadir sua vida, riu e falou em voz alta:

— *Nessa altura, o que pode acontecer que me resgate dessa monotonia e solidão? Tenho que parar de sonhar!*

Escovou os dentes, retocou o pó, o batom, pegou a bolsa que combinava fielmente aos sapatos e saiu batendo a porta.

Pontualmente estavam no Café D'Itália. Abraçaram-se fortemente, entre um café e outro, alguns biscoitinhos de nata, conversaram alegremente como nos velhos tempos, confidências foram trocadas e sua amiga falou sobre sua nova paixão. Cecília, por sua vez, comentou sobre a instabilidade de Carlos, que por vezes estava bem carinhoso e por nada tornava-se agressivo.

— *Amo Carlos, ele é meu marido e tenho que ter mais paciência, não faz por mal é o jeito dele, mas tem um bom coração.*

— *Você não tem jeito, Cecília! Nossa, a hora passou rápido, já deu 17h. Estou atrasada, vou encontrar com meu namorado, me desculpa, nosso passeio no Trianon terá que esperar.*

Deixou em cima da mesa o dinheiro para pagar parte da despesa. Cecília ainda permaneceu no Café por alguns minutos. Decidiu caminhar sozinha pelo parque.

O final de tarde estava lindo, o pôr do sol estava entre o vermelho e o alaranjado.

Caminhava lentamente entre as árvores, seus pensamentos eram calmos e seu coração encontrava-se em paz.

Foi quando então ouviu um chamado:

— *Cecília, Cecília é você?*

Naquele instante, foi como se uma cascata de emoção invadisse seu corpo. Ela levantou os olhos e virou-se. Talvez, não conseguisse mais sair do lugar, suas pernas não queriam obedecê-la, foi tomada pela emoção.

Impossível não reconhecer aquela voz de infância, era a voz de Pepê.

Incrédula, seus olhos cruzaram-se com os dele. Os segundos que se seguiram representavam o tempo da espera de toda uma vida.

— *Pepê!*

Conseguiu sair do estado de estagnação e correu para os braços aconchegantes e protetores de Pedro, e pensava como a criança que foi, um dia vou me casar com você.

Foi o melhor abraço de toda a sua vida. Estava mais bonito, um homem maduro longe de ser aquele moleque travesso, magricelo e de calça curta.

Agora possuía um físico estruturado e bem definido, seus braços eram fortes, cabelos sedosos e perfumados. Seus olhos continuavam astutos e exalavam inteligência e vivacidade.

Em absoluto silêncio, sentaram-se no banco da praça. Os olhares diziam mais que as palavras, essas agora seriam em vão.

Pepê apertava as mãos dela comovido, continuaram calados por mais alguns momentos, para certificar-se de que não era apenas um sonho.

— *Como senti sua falta, minha menina.* — Falou baixinho.

As lágrimas rolaram no rosto de Cecília. Ele passou seus dedos secando-as, segurou o queixo de Cecília e encostou seus lábios delicadamente, beijando-a com ternura.

— *Finalmente te reencontrei e prometo nunca mais me afastar mais de você* — concluiu ele.

— *Por que você nos deixou? Tantos anos e com tão poucas notícias.*

— *Ceci* — como ele costumava tratá-la - *A minha vida foi tomando rumos que nem mesmo eu imaginava, com custo me formei em Arquitetura, me casei com Débora que conheci na faculdade, logo após o seu casamento, e fomos morar em Rio das Pedras. Não pense que te esqueci, maninha, obtinha notícias suas através das tias e sei que sua vida também não foi fácil.*

Em tom de decepção ela comentou:

— *Então você está casado!*

— *Não! Nos separamos dois anos depois e não tivemos filhos, eu não a amava, muitas brigas, ela tinha muito ciúme.*

— *Pepê, pensei que não iria mais te encontrar e agora não sei o que dizer!*

— *Diga-me, Ceci, você é feliz?*

— Tenho um casamento estável, Carlos é uma boa pessoa, embora às vezes perca a cabeça, mas eu entendo. Sabe, Pepê, ele trabalha muito para manter a família, para que não nos falte nada, temos dois filhos.

— Não diga mais nada, Ceci, eu estou aqui, só me abrace e me dê mais um beijo.

Cecília sentia-se tão atraída por ele, que ao sentir os braços de Pedro em torno de sua cintura só desejava entregar-se naquele momento.

Porém, a imagem de Carlos não saía da sua mente, a culpa e o medo tomaram conta dela novamente.

Empurrou Pedro:

— Não faça isso! Eu não posso, sou casada.

Levantou-se para ir embora e ele a segurou pelo braço.

— Espere, fique pelo menos com o meu telefone, estou hospedado em uma pensão aqui perto, caso queira conversar.

Cecília correu dando sinal ao primeiro ônibus que avistou, deixando Pepê para trás, ainda ouviu quando ele gritou:

— Eu te amo, Ceci, fica comigo! Sempre te amei.

A chave não encaixava na fechadura, após muitas tentativas conseguiu entrar no apartamento desabando no sofá. Só sentia o cheiro de Pedro e o calor da sua boca encostando em seus lábios.

Aquele pedacinho de papel amassado em suas mãos continha mais que números rabiscados, ele contava a história de duas vidas.

Levantou-se apenas para pegar uma garrafa de vinho na geladeira e uma taça. Após tomar algumas taças adormeceu, abandonada.

O sol tomava conta da sala quando Cecília despertou com uma enorme dor de cabeça, caminhou lentamente para o banheiro, abriu o chuveiro e deixou a água escorrer por todo o corpo.

Mais relaxada, foi preparar um café. Com uma xícara nas mãos, sentou-se próxima ao aparelho telefônico, ligou para sua amiga e contou sobre o encontro inesperado.

— *Como, você saiu correndo? Como pôde ter sido infantil, Cecília? Vai aproveitar que Carlos ainda não retornou da viagem e corrigir isso agora, está me entendendo? Saiam para almoçar ou caminhar na praça. Conversem como adultos. Pedro não merece ser tratado assim!*

— *E Carlos merece?* — Questionou Ceci.

— *Claro que merece. Ele é um homem possessivo, doente, manipulador, ciumento, e te trai! Acorda, amiga, Carlos roubou seu brilho, seu sorriso.*

Ele te trai. Essas palavras fortes ressoam como em coro no seu ouvido e foram elas que fizeram Cecília decidir ir ao encontro de Pedro.

O telefone tocou no quarto de Pepê.

— *Alô, alô.*

Ela só respondeu após alguns longos segundos.

— *Sou eu, Pedro, a Ceci.*

— *Minha querida, que bom ouvir de novo sua voz.*

— *Gostaria de falar com você, podemos nos encontrar ainda hoje?*

— *Claro, é tudo que mais quero, podemos almoçar na cantiga italiana aqui perto mesmo e comermos um fusilli, para relembrarmos a vó Antonieta.*

Cecília riu com a lembrança e mais descontraída aceitou almoçar com ele.

— *Te espero ao meio-dia.*

— *Combinado, um beijo.*

O cuco cantava anunciando 10h. Cecília deixou a xícara na mesinha de centro da sala e foi para o quarto se preparar.

Lembrou-se de que Pepê gostava da cor azul e escolheu um vestido leve azul-royal com pequenas flores brancas, prendeu os cabelos com um rabo de cavalo que a deixava mais jovial, usou maquiagem suave e nos lábios apenas um brilho. Seus pés carregavam uma sandália branca com um pequeno salto quadrado. Aplicou algumas gotas do seu perfume preferido, Wanted, sabia que esse cheiro deixava registro por onde passasse, era o que inconscientemente desejava, deixar sua marca em Pedro.

Cecília ainda era uma mulher muito atraente, só ela não acreditava nisso. Seus olhos esverdeados especialmente neste dia possuíam mais brilho. Já na calçada resolveu parar um táxi, estava ansiosa demais para ir de ônibus.

Pedro já aguardava por ela, escolheu uma mesa reservada dos olhares curiosos dos outros clientes. Levantou assim que avistou Cecília, beijou seu rosto murmurando em seguida no seu ouvido dizendo o quanto estava linda, romântico como sempre puxou a cadeira para ela se sentar.

O vinho já estava escolhido e foi servido. Foi quando ela balbuciou um pedido de desculpas e delicadamente foi interrompida.

— *Ceci, não se desculpe, eu ultrapassei os limites, sei que você é uma mulher direita e que não trairia seu marido ou arriscaria perder a guarda dos seus filhos, me perdoa. Olha, consegui transferência para São Paulo, já estou procurando uma casa e ficarei sempre por perto para ser seu amigo, será também seu canto sempre que precisar de mim, não estará mais sozinha nesta vida.*

Segurando as mãos de Pedro agradeceu:

— Você não sabe como estou aliviada por saber que me entendeu, quero você por perto, mas só posso te dar minha amizade, apenas isso.

O fusilli foi servido com muito queijo parmesão e molho de tomate, como os dois gostavam. Continuaram a beber vinho. Riram muito se lembrando da infância, das travessuras de Pepê, da vó Antonieta, dos sonhos da tia Carmela com suas premonições e palpites para o jogo do bicho, o canarinho Xodó, o cortiço, Tio Nerso palmeirista.

— E o biso Domenico com suas pedrinhas preciosas, a bisa Mamarana. — Comentou ela.

— O tio Valentim com aqueles ossinhos fedorentos de galinha...

De certa forma, era como se o tempo nunca tivesse passado para eles. Como se a vida estivesse oferecendo antigas escolhas.

Pepê pediu a conta e convidou Cecília para acompanhá-lo até a pousada.

— Venha comigo, quero que veja as fotografias que carrego comigo.

Cecília aceitou sem hesitar, por um lado o desejo de estar ao seu lado e por outro o efeito do vinho. Colocou seus óculos escuros, temia ser reconhecida na companhia de um homem estranho, e o seguiu.

Entrou com discrição e Pepê comentou na portaria que se tratava da sua irmã, foram para o quarto.

Sentados na cama começaram a remexer no álbum e por algum tempo permaneceram assim, olhando as fotos e relembrando, até que se calaram.

Seus olhos se cruzaram novamente, já não precisavam dizer nada para expressar o que queriam, o corpo falava, o rubor da face delatava a paixão que exalava por todos os poros.

O TEMPO PAROU
assim que recebeu o primeiro tapa

Pepê tocou seus lábios com suavidade, depois o beijo foi ficando mais intenso, não havia mais espaço para pensar no pecado, era só o desejo que os consumia.

Seu corpo jogou o de Ceci na cama, sua mão acariciava seus seios. Ela sentia arrepios com seu toque. Com a outra, descia o zíper lateral de seu vestido.

Puxava Pedro pelos cabelos para si delicadamente e sussurrava no seu ouvido:

— *Eu te quero, sempre te quis.*

Pela primeira vez se viram nus, parou por um minuto para admirá-la, beijou sua boca, seu pescoço, seus seios, seu abdômen, mordeu levemente suas coxas e seus pés e então a possuiu de todas as maneiras.

Pedro vibrava toda vez que ela gemia e tremia em seus braços.

Ceci conheceu o prazer intenso, como nunca acontecera antes.

Manteve-se deitado sobre o corpo dela por um tempo, acariciando seus cabelos e tocando seu rosto.

— *Agora você é minha, não quero mais te dividir com ninguém. Fica comigo, fica, meu amor.*

Adormeceram abraçados, exaustos.

Foram despertados pela escuridão da noite.

Cecília, assustada, sentiu vergonha por ter amado Pedro daquela forma. Perguntava-se como iria encarar Carlos.

— *O que foi que eu fiz, Pepê? E meu marido, como vou olhar para ele? Já é noite, será que já está em casa? Como vou me explicar?*

— *Calma, Ceci, você chegará a tempo. Eu te levo para casa.*

— *Não! Como posso chegar de carro com um homem?*

— *Te deixo próximo. Você liga para sua mãe, diz que precisou sair, deixe as crianças dormirem lá.*

95

— Então vamos logo, por favor.

Durante o trajeto o silêncio parecia mortal. Pedro deu a primeira palavra.

— Minha menina, você me fez muito feliz. Sei que não posso mais ficar sem você.

— Desculpa. Não estou conseguindo falar, meu coração dispara só de pensar nas consequências do que acabamos de fazer, meu corpo ainda está coberto com nosso suor. Entenda, Pedro. Não podemos, foi um erro. Tenho uma família, sou casada e devo respeitar meu marido, não posso e não quero ser sua amante, compreende isso?

Pode para aqui, já estou bem próxima do meu prédio e não quero ser vista com você.

— Está certo, pode descer. Ficarei esperando você me ligar e não esqueça que eu te amo.

Cecília desceu do carro sem dar resposta, bateu a porta e andou rapidamente, Pedro ficou ali parado por um tempo até que Ceci desapareceu de suas vistas na escuridão dobrando a esquina.

AMANHÃ VAI SER OUTRO DIA, COM CERTEZA

"Ando com minha cabeça já pelas tabelas
Claro que ninguém se toca com a minha aflição
Quando vi todo mundo na rua de blusa amarela..."

Estava varrendo a sala naquela manhã, Cecília ligou a televisão agora já colorida e parou para ouvir as notícias.

Seu pai, Antônio, estava ao seu lado nesse momento sentado no sofá, comentava com ele:

— *Demorou para acontecer, pai, sua luta não foi em vão.*

O movimento popular começou e ninguém mais segura, o povo quer a retomada das eleições diretas, vamos voltar a eleger o presidente da República. Jamais esquecerei esse ano de 1984, queria estar no meio dessa multidão, gritando "Diretas Já" em seu nome, em nome do Geraldo e de todos seus amigos que morreram torturados.

São milhões de pessoas nas ruas em todo o país, são comícios, passeatas, participação de partidos políticos, representantes da sociedade civil, artistas e intelectuais todos pedindo o fim da Ditadura Militar.

De nada adiantou o atentado no Riocenter em 1981, agora sabemos que foi simulado para causar terror e manter-se no poder.

Sentada no sofá, revivendo o que se passava no ano de 1984, sentia um ar gelado próximo ao seu corpo, sem vontade ou força, ela perguntou:

— *Pai, você ainda está aqui?*

Não obteve resposta, apenas o frio. Mas o tempo insistia em transcorrer à sua frente.

Vozes de outro mundo diziam a ela:

— *Jamais esqueça do sofrimento de seu pai.*

Na TV o jornalista ainda comentou sobre a emenda constitucional que o deputado Dante de Oliveira apresentou no ano anterior prevendo o fim do Colégio Eleitoral, com ela aprovada teríamos votos diretos nas eleições de 1985.

— *Também, com uma inflação de 211% e com uma dívida externa que compromete parte de nossas riquezas, ainda por cima essa crise do petróleo afasta os investidores* — pensava alto.

E continuava a falar em voz alta o que poderia comentar com Carlos para que ele a achasse inteligente, e repetia o que o locutor dizia, enquanto fazia sua faxina:

—— *Tendo o senhor Ulisses Guimarães como um articulador do movimento, o povo brasileiro criou coragem para demonstrar sua insatisfação com essa perseguição política e com essa economia ineficaz.*

— *Afinal, o último presidente eleito foi em 3 de outubro de 1960 e Jânio Quadros foi eleito com uma diferença esmagadora, como vice teve João Goulart.*

Riu sozinha! Com certeza, ele ficaria orgulhoso dela, sempre dizia que ela não tinha mais do que cabelos na cabeça, que era uma burra, agora já poderia conversar sobre política com ele, ficava atenta aos noticiários só para comentá-los com Carlos quando chegasse.

DEVANEIOS

"Tempo, tempo, tempo
Vou te fazer um pedido..."

A casa de Cecília estava vazia, seus fantasmas se aquietaram. Agora era somente ela com seus 72 anos e o tempo.

As vozes deram uma pequena folga.

Seu corpo magro e sensível visivelmente cansado. Seus pensamentos já não querem mais demonstrar força, a mesma que fingiu ter durante todos esses anos, quer apenas ser fraca e ter um ombro para amentá-la.

Seus amigos, parentes e até Pepê a deixaram só.

Lamenta-se, somente Pedro a conhecia tão bem, bastava um olhar para entendê-la, não precisava de palavras. Ele sabia quando estava triste, preocupada ou feliz.

— *Carlos caminhou comigo a vida inteira, mas nunca consegui ser eu de verdade ao seu lado.*

Sempre estive pronta para escutar a todos, porém nunca fui ouvida. Meu pecado foi amar Pedro, não queria magoar ninguém, só queria ser feliz.

Para ela só restou a velhice. O triste envelhecer! As rugas na face, a pele flácida, o andar lento, as dores nas articulações, os cabelos ralos, os seios caídos, estar velha era perder a graça, o brilho, ser um peso na vida dos jovens e o que mais a assustava era a solidão.

— Maria Clara, Betinho, vamos levantar, está na hora da escola. Papai irá levá-los.

— Só mais um pouquinho, mamãe – respondiam os dois.

Entrava no quarto e escancarava a janela, puxava as cobertas e fazia cócegas nas crianças até que pulassem da cama.

— Para, sua chata — reclamavam.

— Olha o respeito, crianças. Cinco minutos para estarem na mesa e tomarem café ou...

E saía rindo.

— Carlos, cadê Carlos? Deveria estar aqui tomando chá comigo.

— Ceci, Ceci?

— É você, meu amor? Pepê, onde você está? Fica comigo, estou com medo e sinto frio.

— Estou com você, como te prometi, não tema nada mais, estaremos sempre juntos.

As vozes retornaram.

Cecília encontra um pouco de paz quando pensa em Pepê e nos filhos, respira fundo, fecha os olhos, os devaneios param e ela adormece.

O marcador do tempo insistia em suas badaladas, porém para Cecília o relógio gira em sentido do passado.

A HORA DA CHEGADA

Cecília parou em frente ao seu apartamento e colocou a mão sobre a maçaneta da porta, esperou alguns minutos, sentiu medo de abri-la.

Pensava no que diria a Carlos caso já estivesse em casa, nenhuma desculpa que inventasse seria convincente. Como se carregasse um aviso dizendo "eu te traí", iria ler em seus olhos, nunca mentiu antes.

Juntou coragem, entrou na sala deserta e escura, respirou um pouco mais aliviada, ela teria tempo de tomar um banho e deixar acreditar que esteve o tempo todo em casa.

Largou a bolsa no sofá, tirou os sapatos pelo corredor, correu para o quarto e acendeu a luz, quando ouviu:

— *Boa noite, querida, posso saber por onde a madame andou?*

Quando ouviu a voz de Carlos sentiu um calafrio percorrer toda sua coluna, suas mãos suaram, sua voz gaguejava:

— *Que bom, amor, que já está de volta! Desculpa, perdi a hora. Fui encontrar Sandra e paramos num café, conversamos tanto que fiquei sem noção do tempo. Preciso de um banho.*

— *Esqueceu que tem filhos, que é uma mulher casada. Prefere ficar com uma desquitada até essa hora na rua. Quem anda com vagabunda é o que?*

— *Carlos, não fale assim, ela é minha amiga desde a infância. Não vou deixar de gostar dela só porque seu casamento não deu certo.*

— Cala a boca, Cecília. Não me deixe mais irritado do que já estou. Chego em casa cansado de tanto trabalhar pensando em encontrar minha mulher cheirosinha me esperando cheia de saudade, com a mesa arrumada, um jantarzinho quentinho e acontece o quê? Está na rua como uma vadia! Olha só essa roupa, esse batom, essa maquiagem. Anda, vai lavar essa cara rápido e tome um bom banho para tirar esse cheiro de rua, essa conversa não acabou aqui, é só o que me faltava, saio para trabalhar e minha mulher vadiando com uma desquitada sabe lá fazendo o quê.

Cecília foi para o banheiro e trancou a porta com a chave, abriu o chuveiro e se despiu rapidamente, deixou a água escorrer sobre si. Ao mesmo tempo que sentia medo, a lembrança de Pedro a invadia de prazer. Nunca foi tão bom, pensava ela.

Lembrava do toque de suas mãos percorrendo seu corpo carinhosamente, os beijos, o cheiro de amor, os gemidos e finalmente o êxtase, o prazer.

— Não vai mais sair desse banheiro, caralho? — Gritou Carlos.

— Já estou saindo.

Enrolou uma toalha nos cabelos molhados e vestiu seu roupão, não usou nem seus cremes como de costume, não queria mais contrariá-lo. Abriu a porta e saiu.

Batendo com a mão na cama ele disse:

— Deita aqui.

Ela obedeceu calada. Carlos puxou a toalha enrolada em seu cabelo e abriu seu roupão.

Puxou Cecília com força e como quem doma um animal mordeu sua boca, seus seios, saciando seus desejos mais sórdidos, dando vazão a toda sua raiva.

Ela permaneceu imóvel, apenas uma lágrima rolou em sua face, ele nem notou sua dor, seu desprezo, seu nojo.

O TEMPO PAROU
assim que recebeu o primeiro tapa

Quando finalmente a deixou, virou-se do lado e disse:

— *Isso é para você saber que tem homem em casa!*

Rapidamente Carlos adormeceu. Nela apenas ficaram as sensações opostas daquele dia, foi amada de uma maneira que nunca sentira antes e foi violentada de uma forma tão repugnante.

DAS JABUTICABAS
AO ENTERRO

"Da manga rosa quero o gosto e o sumo
Melão maduro, sapoti, juá
Jabuticaba, teu olhar noturno
Beijo travoso de umbu, cajá..."

Cecília se vê agora criança.

Sentada no degrau da escada que levava para a cozinha da vó Antonieta.

No terreiro batendo bola estavam seus primos, Tegué, Paulo, Lula, Carlos, seu mano Pepê, Décio, entre outros.

O cortiço fazia divisa com a chácara da tia Sarafina, apenas uma cerca de arame farpado delimitava as propriedades.

Esboçava um leve sorriso em seus lábios quando se lembrava da tia Sarafina. Uma mulher envelhecida, muito baixa, as rugas prevaleciam em seu rosto, nos cabelos levava um lenço preto amarrado, suas saias sempre escuras no meio dos tornozelos, e passava dias com a mesma camisa azulada encardida.

Vivia mal-humorada, a ralhar com todos e raramente recebia alguém em sua casa, onde vivia somente com seu marido, Valentino.

O TEMPO PAROU
assim que recebeu o primeiro tapa

Tio Valentino era um homem de altura média, possuía uma saliente barriga que o obrigava a fazer uso de suspensórios para segurar a calça.

Seu rosto também possuía as marcas de uma vida de sacrifícios e de muito trabalho debaixo do sol escaldante.

Diferentemente de sua mulher ele era tranquilo e de poucas falas.

Possuíam um lindo e grande pomar com frutas das mais variadas, bananas, laranjas, goiabas, carambolas, caquis, amoras, ameixas, mexericas, jabuticabas, entre outras.

Os olhos de toda a criançada brilhavam, mas se uma delas tentasse pular a cerca para roubar uma fruta, a tia Sarafina botava para correr debaixo de uma vara de marmelo.

— *Ma che, non andare di là* — gritava vó Antonieta.
— *Ti faccio saltare in aria!*

Mas sempre que podiam pulavam a cerca para pegar as saborosas goiabas, carambolas e outras frutas de época.

Finalmente as jabuticabeiras estavam carregadas daquelas deliciosas frutinhas pretas, docinhas. Elas ficavam afastadas da divisória, muito próximas à casa da tia, portanto, exigiam mais habilidades para ir buscá-las, havia também o Lorde, um cão tão bravo quanto a tia Sarafina.

Pepê reuniu seus companheiros para definirem como seria a invasão.

— *Vamos entrar na chácara após o almoço, horário que eles costumam descansar e o Lorde também dorme na varanda. Levaremos um balde grande, ficaremos dois em cada árvore colhendo as jabuticabas. Tegué e Paulo serão responsáveis por passar o balde e não esqueçam, mantenham o silêncio para não acordar o cachorro.*

Da escada Cecília apenas observava a ação.

Vó Antonieta saiu na porta da cozinha e gritou:

— *Andiamo mangiare, bambinis.*

O almoço seria especial, pois ganhou no jogo do bicho e teriam carne nesse dia. Fora servido uma bela cotoletta di maiale e un risotto al pomodoro. Os tomates eram colhidos no quintal.

Quando terminaram de comer, foram esperar próximos à cerca o momento exato de agir. Uma hora depois decidiram pular, todos estavam muito quietos. Aproximaram-se da casa, Lorde dava um cochilo na varanda, e logo começaram a colher as frutas.

Tudo estava tranquilo, com o balde acima da metade de jabuticabas.

Uma coceira incessante começou no nariz de Tegué. Torcia o rosto, esfregava as narinas, mas de nada adiantou, disparou um imenso espirro.

O cão começou a latir e foi para cima deles, que saíram em disparada, o balde rolou terreiro abaixo espalhando jabuticabas para todo lado, tia Sarafina acordou indo para o quintal com a vara nas mãos.

— *Maledettos, bastardos, ladro, ti staccherò la testa!*

Pularam rapidamente a cerca e caíram para o lado do cortiço em território seguro, menos Tegué, que ficou preso no arame farpado, e a vara de marmelo marcou seu lombo.

Cecília bocejava, meio sonolenta. Mas sentia-se alegre ao reviver essa época.

Vó Antonieta tomou conhecimento das travessuras, obrigou-os a pedir desculpas, foram para dentro de casa pelas orelhas. Tegué desapareceu novamente do cortiço por uns tempos.

Por volta de uns quinze dias depois, todos da casa foram acordados por gritos e pedidos de socorro. Pepê foi o primeiro a despertar, costumava dormir no pé da cama junto da sua avó e mais sua tia caçula.

Os grunhidos de horror e histerismo só aumentavam.

— *Non fare questo con me, Valentino. Acorda, maledetto! Amore della mia vita.*

Os mais velhos correram para pular a cerca, os menores foram proibidos de segui-los. Minutos depois eles estavam escondidos na varanda querendo espiar.

A escuridão tomava conta de tudo e só as velas e lamparinas iluminavam a casa. Ainda se ouvia os lamentos de tia Sarafina.

— *Mi uccido! Portami con te.*

Até Lorde estava calado nessa madrugada, as mulheres incumbiram-se de cuidar do morto e trocá-lo, aos homens sobrou a missão de esticá-lo sobre a mesa.

Logo mais velas foram acesas rodeando o corpo do falecido, começaram as cantigas de lamentações. Pepê olhou novamente para dentro da sala e avistou os pés calçados do tio Valentino sobre o móvel.

— *Tem um defunto lá dentro!*

Saiu correndo puxando Cecília pela mão e todos o seguiram com medo dos espíritos.

Na casa trancaram-se no quarto e ficaram juntos na mesma cama contando estórias de fantasmas, até o dia clarear. Cecília ainda pequena agarrou-se em Pepê, apenas ele lhe trazia segurança, ela o olhava com olhos de admiração.

O vai e vem de dona Antonieta começou cedo, preparando café, chá, biscoitos e bolinhos para servir aos convidados que velavam o cadáver.

Do cortiço ouvia-se:

— *Ave, Ave, Ave Maria...*

Tia Sarafina contratou até as carpideiras para chorar o defunto, queria uma cerimônia à altura do seu tio Valentino.

Confidenciou à dona Antonieta o fogo que tinha Valentino. *"Come vivere senza..."* e se entregava ao desespero.

Apontava as mãos de seu amado e dizia:

— *Quelle mani ruvide portano amore.*

— *Vero, ma ci si abitua.* — Tentava consolá-la.

Chega o carro funerário. Era todo preto com acabamentos dourados, aberto, o caixão ficava exposto na parte traseira do veículo, havia uma cobertura acima da urna também preta com um babado dourado.

Foi um grande desfile. Na frente ia o caixão, em seguida os familiares, depois vinham os amigos mais próximos, por último os curiosos. Assim, transcorria o cortejo até o cemitério.

Nessa hora as crianças também participavam da procissão em silêncio, por vezes um cutucava o outro com risadinhas baixas, interrompidas pelos mais velhos.

No meio do trajeto tia Sarafina soltou um gemido alto de dor e gritou:

— *Non andare, Valentino.*

Correu ao encontro do carro fúnebre e pulou ao lado do caixão. Esmurrava com força e violência dizendo palavras pouco compreendidas.

— *Portami con te. Portami con te, per favore!*

Grudada ao ataúde, arrancou o véu negro que escondia seus cabelos esbranquiçados e começou a arrancá-los. Suas mechas, ela jogava para o defunto e repetia:

— *Portami con te, portami con te...*

O cortejo prosseguiu até a entrada do cemitério, Tia Sarafina deitou-se em cima do caixão e pediu para ser enterrada com ele.

Dona Antonieta e outros tentavam persuadi-la a descer, acalmá-la, e diziam que nada mais poderia ser feito.

Para as crianças e os curiosos era uma diversão, o espetáculo da viúva.

O TEMPO PAROU
assim que recebeu o primeiro tapa

Foi necessário um homem forte que a jogou sobre seus ombros para tirá-la de lá, continuava a espernear e a esmurrar o homem, gritando:

— *Portami con te. Portami con te, per favore!*

Depois da partida do tio Valentino, ela nunca mais foi a mesma, esqueceu em um canto sua vara de marmelo e não chamava mais as crianças de *maledettos* e bastardos, as frutas minguaram.

Viveu isolada por anos com seu fiel cachorro Lorde. Tia Sarafina nunca mais tirou o luto. Lembrou Cecília que apenas a família de vó Antonieta lamentou por ela. Seu enterro não teve o choro das carpideiras.

PRISIONEIRA DO LAR

Duas semanas se passaram desde o seu encontro com Pedro. Sem poder mandar ou receber notícias, guardava apenas a lembrança doce do seu pecado.

Carlos não permitia mais que Cecília saísse sozinha, tinha que estar acompanhada dos filhos ou dele até para ir ao médico.

Ligava de hora em hora para vigiá-la. Voltava cedo para casa.

Desde o dia que foi violentada por ele, Cecília passou a rejeitá-lo.

Na cama ele reclamava de sua frigidez e ela fingia suspiros e gemidos.

Seus dias eram longos entre os afazeres domésticos e tristes. Sonhava com os momentos de carinho que viveu com Pepê e ansiava por estar em seus braços novamente.

Numa certa manhã o telefone tocou e Cecília teve um pressentimento, era Pepê, tinha certeza disso.

Tentou dizer alô e Carlos a interceptou

— *Deixa que eu atendo!*

—*Alô, alô, alô! Não vai dizer nada... quer falar com quem?*

— *Desligou, o vagabundo.*

Cecília permaneceu calada. Carlos aproximou-se e a empurrou contra a parede, torcendo seu braço:

— *Quem era no telefone? Fala logo, antes que eu perca a cabeça.*

— Não sei, Carlos, você está me machucando. Deve ter sido engano, um trote.

Me larga, tá doendo, Carlos.

— Escuta bem, tem coisa aí e eu vou descobrir! Se prepara, porque eu te mato, entendeu? Eu acabo com a sua raça, sumo e ninguém me acha.

Quando ele largou o braço de Cecília, as marcas dos seus dedos ficaram gravadas como tatuagem.

Foi para o banheiro e se olhou no espelho, chorou. O que seria dela se ele soubesse de sua traição?

Estava arrependida por ter se envolvido com outro e ao mesmo tempo amava Pedro.

Escutou a porta bater e respirou aliviada. Ficava melhor quando Carlos saía de casa. Deixou o banheiro e foi cumprir com suas obrigações diárias.

Resolveu preparar um bom almoço para todos, já que Carlos voltaria ao meio-dia, imaginou que em uma mesa bem servida, com a presença de seus filhos, o clima iria melhorar e seriam a família que sempre foram.

Esqueceria Pedro, ele não podia fazer parte de sua vida, determinada decidiu que tudo não passaria de um sonho, apenas um lindo sonho.

Abriu a geladeira que estava quase vazia, ir até o açougue e a quitanda em frente ao prédio seria rápido, não traria nenhum problema. Pegou sua carteira, a sacola e saiu.

Pediu ao Sr. Gentil do açougue um belo pedaço de lagarto que faria recheado e na quitanda comprou batatas, cebolas, tomates e frutas.

Resolveu comprar também um pote de sorvete de baunilha na padaria da esquina, já que o calor estava insuportável nesse dia.

Ao se aproximar da entrada seu coração disparou. Era ele, Pedro, estava lá parado, olhando para ela. Seus olhos estavam escondidos por óculos escuros, mesmo assim percebia o desejo que ele tinha de abraçá-la.

Quando ele tentou aproximar-se, ela foi tomada por uma vontade de correr para os seus braços, mas a voz de Carlos voltou a atormentá-la:

— *Eu te mato, acabo com você.*

Parou, apenas balançou a cabeça dizendo não. Sussurrou "*estou sendo vigiada*", ficou de costas para ele, pagou o sorvete e saiu.

Caminhou rapidamente, sabia que Pedro ainda a observava. Quando abriu a porta do apartamento, largou as compras na mesa, olhou pela janela da lavanderia, ele continuava sozinho na porta da padaria, olhando para o prédio.

— *Cecília, o que faz aí olhando pela janela?*

— *Carlos, o que faz aqui? Você não foi trabalhar?*

— *Não, resolvi voltar para casa. Onde você foi?*

— *Fui ao açougue e na quitanda buscar algumas coisas que faltavam para o almoço.*

— *E na padaria também.* — Completou ele.

— *Como você sabe disso, está me vigiando?*

— *Sei de cada passo que dá, e quem é aquele cara de óculos que estava te encarando?*

— *Sei lá, amor! Não percebi ninguém. Você está ficando doente, vendo coisas que não existem.*

— *Sua sorte é que não deu conversa para ele, porque eu te arrebentaria lá dentro mesmo.*

— *Está vendo o que nessa janela? Sai daí.*

Carlos se aproxima do vitrô, Pedro não estava mais.

— *Sorte sua. O que está esperando para preparar esse almoço? Estou com fome e preciso sair.*

Cecília obedeceu. Ao meio-dia o almoço estava pronto e Carlos sendo servido.

CROMO ALEMÃO

"O balão vai subindo
Vai caindo a garoa
O céu é tão lindo
A noite é tão boa..."

Cecília gostaria de ter forças para gargalhar, mas apenas seus olhos ainda esboçaram alguma sensação.

O centro de sua sala transformou-se em um terreiro de café e ali acontecia uma festa junina.

Era uma noite fria com céu estrelado. Bandeirinhas coloridas enfeitavam o local.

No mastro do pau de sebo as figuras homenageadas, Santo Antônio, São João e São Pedro.

A fogueira já ardia, aquecendo os convidados. Outras coisas também esquentavam os participantes: o sanfoneiro, o quentão, a cerveja e o vinho, que davam um toque especial à festa.

Milho cozido, pamonha, curau, pipoca, pé-de-moleque, paçoca, doce de leite, arroz doce, doce de abóbora, sagu, bolo de fubá, deixavam a mesa farta. O porco assando no rolete e os galetos eram servidos acompanhados por farofa.

Os homens divertiam-se soltando balões e inúmeros chinesinhos. As mulheres ocupadas com as crianças perto do fogo e servindo seus maridos.

— *A quadrilha vai começar* — avisa o sanfoneiro.

"Atenção, pessoal. Vamos dar início, no começo do princípio

Da 'comessação', da 'principiação', do prosseguimento

Da prossiguição da largada da quadrilha

Metade de um lado e outra. Metade da banda de lá

Damas e cavalheiros, procurem seus par

Faça favor, sarnieiro, caroneiro,

Eu pergunta: Que lado que eu vai jogar?

Pra princípio de conversa, eu não sou coronel

E isso não é jogo, é quadrilha..."

Cecília assiste a tudo de sua cadeira com Esmeralda ninhada nela.

— *Como todos se divertem!*

Enxerga-se pequena brincando na festa, dançando e imitando os mais velhos. Estava com traje caipira, um vestido vermelho repleto de flores laranja.

Na cabeça levava um chapéu de palha e duas tranças postiças finalizadas com laços brancos, no rosto pintado por rouge vermelho salientaram ainda mais suas bochechas, pintinhas pretas imitavam sardas. Os pés calçavam alpargatas.

Sentiu saudade de si, de sua inocência e da proteção que sentia naquele momento.

Pepê também se divertia tentando subir no pau de sebo, porém sempre preocupado em cuidar de Cecília.

A festa estava cada vez mais animada, os homens apesar do frio já sentiam calor, tiravam seus paletós e folgavam o colarinho da camisa.

Tio Luiz preparava mais quentão, enquanto tia Dirce servia o pé-de-moleque. Tio Orestes era o centro das atenções contando suas piadas, e quando alguma criança se aproximava, dizia:

— *Vai brincar, isso é assunto de gente grande.*

A molecada sempre achava um jeito de ficar por perto para ouvir as besteiras que ele contava.

Era também um exímio dançarino, orgulhava-se do seu sapato de couro alemão.

Tia Carmela, sua esposa, séria e altiva o acompanhava na dança. Ela era uma mulher forte, estava sempre bem arrumada, cabelos e unhas tratados, não dispensava um salto alto quando saía.

Dançaram tangos de Carlos Gardel, Geraldo Matos, Julio Sosa, até os boleros de Luís Miguel, Lucho Gatica, entre outros.

Orestes estava tão animado que largou Carmela para dançar forró com todas as moças que trabalhavam na fazenda e o arrasta pé foi até a madrugada.

O baile parou quando tia Carmela gritou:

— *O seu sapato de cromo alemão virou uma couve-flor desabrochada!*

— *Orestes, você não tem jeito* — esbravejava ela.

Todos riram daquela situação.

Triste foi para o tio que voltou sem seu legítimo couro alemão para casa.

O terreiro de café foi desaparecendo como uma nuvem de fumaça, a sala de Cecília foi tomando sua forma natural.

O silêncio mórbido voltou.

FIM DA REPRESSÃO

"Que sonha com a volta do irmão do Henfil
Com tanta gente que partiu/ Num rabo de foguete
Chora a nossa pátria mãe gentil/ Choram Marias
e Clarices
No solo do Brasil, meu Brasil..."

A música acompanha Cecília em todos os momentos, mesmo nesse estado de demência soa como hino de liberdade.

Ela viveu em um país subjugado pelo autoritarismo e pela censura. Seus ídolos foram presos, mortos, perseguidos e exilados, porém recusaram-se a ficar em silêncio, criando muitas formas de resistência na história da cultura nacional.

Perdeu seu pai, seu primo Geraldo e outros. Todos temiam ser o próximo alvo. Ter suas casas invadidas pela polícia militar, serem levados, até sumirem como muitos.

Cecília pensou em Tancredo Neves e sua trajetória, fez oposição aos militares, filiando-se ao MDB, na década de 1980 foi um dos grandes nomes que lutaram pela redemocratização do Brasil.

Lembra-se da comoção que parou o país quando foi anunciada sua morte. Apoiou as Diretas Já e foi eleito presidente no Colégio Eleitoral em 1985, mas acabou falecendo antes de assumir a presidência da República, assumindo seu vice José Sarney.

O TEMPO PAROU
assim que recebeu o primeiro tapa

Tancredo foi o primeiro presidente civil eleito depois de 21 anos de Ditadura Militar.

Era para ter sido um momento de alegria para o país, terminando em tristeza. Foi velado por milhares de pessoas em São Paulo e enterrado em sua terra natal, São João del-Rei.

Coincidência ou não, ele faleceu no mesmo dia e mês que Tiradentes, um herói da história que lutou pela Inconfidência Mineira em 21 de abril.

Libertas quae sera tamen.

Como para os inconfidentes, liberdade ainda que tardia era tudo que Cecília desejava.

— *Carlos viajou!*

Bastaram essas poucas palavras para que meia hora depois a campainha tocasse.

Abriu a porta e ele já estava lá, alguns segundos foram suficientes para expressar tanto desejo, entregara-se num longo abraço, um beijo ardente, e trocaram palavras de amor.

— *Ceci, cada dia que passa eu sinto que não posso mais ficar sem você. Te amo demais.*

— *Eu também, Pepê. Mas temos que nos conformar, não podemos continuar com isso. Carlos nos mataria, tenho certeza disso.*

— *Não vamos falar dele. Vem, quero você e aproveitar cada minuto ao seu lado.*

Pedro serviu o vinho para os dois, conversaram e riram muito, lembrando os tempos de infância: dos tios, da avó, dos primos, da tia Sarafina.

Em seguida, pegou a taça das mãos de Ceci e colocou na mesinha de centro junto à dele, delicadamente soltou os cabelos dela, a despiu e a tomou nos braços.

E foram tantos beijos alucinados, que um calor insuportável tomou conta dos seus corpos.

Amaram-se até o anoitecer, em seguida tomaram um banho juntos e a água que caía sobre eles era como se abençoasse aquele amor proibido.

Não queriam mais se separar, mas era necessário. O coração acelerava de alegria quando pensavam que teriam mais um dia para estarem juntos e depois de muitas promessas se despediram com um longo e terno beijo.

— *Boa noite, meu amor. Até amanhã.*

— *Boa noite, querido. Me liga assim que acordar, promete?*

— *Eu venho te acordar com muito carinho e café na cama, minha princesa!*

Os risos agora eram soltos.

Seus filhos chegaram uma hora depois, Cecília já havia lavado as taças e tirado qualquer vestígio que pudesse levantar suspeitas.

Foi dormir entorpecida de tanta paixão.

No segundo dia, Pepê chegou cedo e passou o dia com Ceci. Cozinharam juntos, se amaram muito, assistiram a um filme e tudo foi perfeito. Já no terceiro dia, passou pela manhã apenas para se verem mais uma vez, Carlos poderia chegar a qualquer momento.

E chegou.

DAS TRISTEZAS DE CECÍLIA

Sua alma estava ferida. Foram tantos anos de repressão, de bocas caladas! Anos de violência psicológica e física, submissão e rejeição. Mendigando por um pouco de amor e carinho, só queria ser ouvida, mas sua fala sempre foi censurada.

Humilhada, ainda acreditava que merecia toda essa punição, não tinha mais amor-próprio. Chorava sozinha pelos cantos, engolia sua depressão e sorria um sorriso que não existia, apenas servia!

Servia a ele, aos filhos, à família, aos vizinhos, a todos. Cecília não era nada, ninguém a via. Caminhava como zumbi invisível para a sociedade.

Seu pedido de socorro estava preso na garganta e seus olhos não eram lidos.

Sempre dócil, atenta, gentil, pronta para cuidar e nunca foi cuidada.

Para alguns era uma fortaleza, embora Carlos escancarasse e expusesse toda sua fragilidade e fraqueza.

No íntimo Carlos temia o brilho de Cecília, sabia que se a deixasse despontar ela voaria e nada mais conseguiria acorrentá-la.

Menosprezá-la e deixá-la presa a seus pés dava-lhe segurança. Seu amor era doentio, narcísico.

Tudo dela foi arrancado, porém ele sabia que os seus pensamentos, a sua imaginação e seus sonhos ele jamais conseguiria estrangulá-los.

E como ela sonhava! Sua vida foi inventada. Sentia-se bonita, feliz, amada, uma profissional competente, realizada. Era assim que desejava ser.

Agora, um novo medo a atormentava. Esse pecado que lhe tirava o ar, a sufocava de desejo e a devorava.

Afinal, se perguntava:

— *Quem poderá me julgar por amar?*

É uma força que me leva a buscar os braços de Pedro, tenho dele o reconhecimento que nunca recebi. Ele sabe me tocar e entender minha alma com a mesma sensibilidade que eu o entendo.

Por que nossas vidas se cruzam agora? Ao mesmo tempo que é o céu, é o inferno.

E os fantasmas ressuscitaram no meio de sua sala e as vozes falaram todas de uma só vez:

— *Inferno, covardes, quarantotto, ave, ave, ave Maria...* — e o vozeirão declamando —*Você tá vendo o que eu tô vendo, você tá louca, portami con te, per favore!*

Cecília chorava compulsivamente e pedia para que se calassem.

Mas as vozes repetiam e repetiam:

— *Ave ave, portami con te, ave ave, covarde, eu te amo, eu te mato.*

E ENTÃO ELE CHEGOU!

"Ele vinha sem muita conversa
Sem muito explicar."

Ceci e Pepê tomavam uma xícara de café na copa quando escutaram a porta da sala abrir.

Seu coração acelerou, seu olhar para Pedro falava:

— *E agora?*

Carlos jogou a mala no sofá e foi para a cozinha. Parou atônito na entrada da copa.

— *O que significa isso, Cecília? Quem é esse homem?*

— *Carlos! Que bom, que está aqui. Você não se lembra de Pepê, meu irmão adotivo?*

— *Como vai, Carlos?*

— *Como você veio parar aqui?*

— *Foi uma coincidência, voltei para São Paulo há alguns meses, sou arquiteto, tenho uma obra aqui perto, hoje passei para deixar um material na obra.*

— *E como chegou na minha casa?* — Insistiu Carlos.

Cecília precipitou-se a falar:

— *Fui à padaria, para minha surpresa Pedro estava tomando café! Convidei-o para conhecer nossa casa e disse a ele que você estava para chegar logo e poderiam se rever.*

— *Vou tomar um banho, estou cansado, com fome, e quanto a você, Pedro, fique aqui, almoce comigo, temos muito para conversar.*

Os dois permaneceram em silêncio por um tempo, Cecília foi até o quarto para ouvir se o chuveiro estava ligado. Quando retornou, olhou para ele em pânico.

— *Vá embora, ele deve estar desconfiado, será o nosso fim!*

— *Calma, Ceci. Está tudo bem, tente manter o controle, por favor. Se eu sair agora, aí sim vai levantar suspeita.*

— *Você está certo, vou preparar algo para comerem, enquanto conversam, você tome cuidado com Carlos, ele é muito esperto.*

Carlos retorna do banho mais afável, procurando deixar o ambiente mais descontraído.

— *Aceita um vinho ou me acompanha em uma cerveja?*

— *Uma cerveja, o calor hoje está insuportável.*

— *Vamos beber na sala, enquanto minha querida esposa prepara nosso almoço.*

Cecília sentiu o tom de ironia, conhecia bem e sabia que Carlos estava planejando alguma coisa.

— *Fique à vontade, Pepê. Era assim que te chamavam, né? Nestes anos todos, Cecília pouco falava sobre você que já nem me lembrava que existia —* Riu. — *Você foi abandonado na porta de Dona Antonieta e criado por ela e pelas filhas. Afinal por que sumiu?*

— *Na verdade não sumi. Apenas fui morar em outro estado, mas mantive contato com a família.*

— *Com Cecília também? Ela nunca me falou nada.*

— *Não, de Ceci me afastei. Não porque não sentisse falta da minha maninha, porém a vida se encarregou disso.*

— *Lembro de você quando comecei a namorá-la e depois desapareceu, coincidência, não é?*

— *Foi uma proposta de emprego e resolvi estudar, me casei.*

O TEMPO PAROU
assim que recebeu o primeiro tapa

— Ah, que bom! Então está casado e tem filhos?

— Não, sou desquitado e não temos filhos.

Meio a contragosto, Carlos prosseguiu o interrogatório.

— Resolveu voltar em busca do conforto da família, não é? Procurando alguém em especial para te consolar?

— Nada disso, o motivo de estar em São Paulo é somente trabalho.

— Eu já tive mais sorte que você, nosso casamento sempre foi maravilhoso, Cecília é uma mulher completa. Não é, meu amor? Diga ao seu "irmão" o quanto somos felizes.

Cecília sentia a falsidade nas palavras de Carlos, mas fazia o jogo dele.

— Sim, Pepê. Eu e Carlos nos damos muito bem, construímos uma linda família e nada poderá nos atrapalhar.

— Fico feliz — respondeu ele.

— Agora vamos comer.

Sentaram-se à mesa. Ela havia preparado macarrão à bolonhesa, bife acebolado e uma salada.

— Ceci — disse Pedro —, você me fez lembrar o almoço de nossa avó!

— Espero que não tenha deixado esse molho ácido — resmungou Carlos.

Durante o almoço o ambiente foi se tornando mais tenso, apenas algumas monossílabas eram citadas. Cecília só desejava que Pedro pudesse sair de sua casa.

Assim que terminaram, ela se apressou em servir o café com sambuca, como tia Virgínia costumava fazer.

— Há quanto tempo não tomo café com anis... Você manteve o hábito. Grato, Ceci, por me trazer tantas recordações.

Carlos apenas observava e por vez ou outra emitia algum som como se estivesse com pigarro na garganta.

Após o café, Pepê levantou anunciando que tinha compromissos à tarde. Agradeceu intensamente a gentileza do casal e que gostaria de retribuir qualquer dia com um jantar numa cantina, já que não sabia cozinhar.

Carlos já não tinha mais a feição irônica, nem mesmo demonstrava simpatia. Ceci deu um leve beijo no rosto do irmão, disse que estava feliz por revê-lo. Enquanto ele apenas estendeu a mão e disse:

— *Pena não poder convidá-lo a vir sempre. Já que trabalho feito um burro para manter essa casa e Cecília não para com seus afazeres. Qualquer hora nos encontramos, você já disse onde mora.*

Assim que a porta foi fechada, Carlos empurrou-a contra parede, torcendo fortemente seu braço, até quase quebrá-lo.

— *Escuta bem, sua vadia! Eu não sou trouxa. Não venha dar uma de santinha, pensa que não sei que sempre teve uma queda por esse bastardo? Irmão é o cacete! Macarrão da vó, café com sambuca. Você enlouqueceu?*

Cada vez mais apertando seu braço, continuava esbravejando palavrões e ameaças.

— *Não quero ver mais esse filho da puta aqui dentro e homem nenhum, compreendeu? Esqueceu com quem está casada? Você não passa de uma vagabunda.*

— *Para, Carlos, você vai quebrar meu braço.*

— *É para ter medo mesmo. Porque mato ele e te mato também.*

Soltou Cecília e foi para o quarto, mais uma vez olhou para ela e repetiu

— *Eu mato você. Entendeu?*

A AUSÊNCIA

"Silêncio feito de dor e solidão/ Sombra da noite vazia e sem luar

Deixem minh'alma a chorar/ É estranho o gosto de adeus..."

Pedro! ela pensava.

A gata Esmeralda miava incessantemente ao redor de Cecília. Sua resistência estava terminando. Porém, ela ainda relutava para aceitar o fim.

Seus fantasmas giravam ao redor, por vezes mudos sem contar histórias, em outros momentos diziam:

— *Não resista, Cecília.*

— *Não tenha medo, estamos aqui para ajudá-la.*

— *Você encontrará a paz, o descanso.*

— *Não!* — murmurava Cecília.

— *Não resista, Cecília.*

— *Seu tempo está se esgotando, acerte suas contas e se deixe levar.*

— *Quero Pedro, onde está Pedro?*

— *Na hora certa ele virá.*

O chá de erva cidreira servido carinhosamente por Carlos escorria agora pelo canto de sua boca, já não conseguia ingeri-lo.

— *Acerte suas contas, Cecília!* — As vozes insistiam.

O silêncio em seu apartamento era esmagador. Seus filhos já crescidos pouco apareciam para vê-la, moravam fora do país.

Desde que encontrou Pedro em sua casa, praticamente não falava mais com Cecília, apenas o estritamente necessário.

Não fazia mais questão de esconder suas amantes. As manchas de batom, o perfume barato. Cecília existia apenas para servi-lo, sem merecer respeito.

Ela se submetia ao seu fugaz tirano. Por medo, para não ser julgada, por falta de dinheiro para se manter, pelos filhos ou por sentir-se inútil? Nem mesmo ela sabia por que permanecia ao seu lado.

Sua vida cada vez mais sucumbida, apenas as notícias que sua amiga Sandra trazia sobre Pepê a animavam, e as vezes em que conseguia falar por alguns minutos com ele pelo telefone lhe traziam algum ânimo.

Pedro lhe dizia:

— *Ceci, deixe esse monstro. Fuja comigo. Vamos começar nossa vida longe daqui. Venha, confie em mim.*

— *Não posso. Tenho medo, ele vai nos encontrar onde estivermos e prometeu nos matar. Você não percebeu, ele é capaz disso, meu amor.*

— *Carlos é um doente, um desequilibrado!*

Algum tempo se passou, a frieza e os maus tratos permaneceram. Vivia à espera de notícias de Pedro, que sempre lhe dizia:

— *Não perca a esperança, minha Ceci. Ficaremos juntos algum dia, eu te prometo.*

Até que em uma tarde, sua amiga ligou e disse a Cecília:

— *Estive procurando Pedro, mas não o encontrei. Tínhamos combinado de nos encontrar no café. Ligou pela manhã* dizendo que precisava falar comigo, tinha algo importante para transmitir a você.

— Estranho, ele não é dado a isso, sempre muito cavalheiro e pontual. — Retrucou Cecília.

— Não se preocupe, sei que entrará em contato. Deve ter surgido algo inesperado na obra provavelmente.

Sentiu um aperto no coração, por alguns instantes Cecília teve um pressentimento ruim.

— Não pode ser. Está tudo bem, besteira da minha cabeça.

Cortou sua conversa com Sandra, pegou sua carteira e foi até a padaria na esperança de passar pela obra e encontrá-lo.

Pedro não estava na obra. Pedro não estava na padaria.

De um telefone público, ligou, mas sem obter resposta. Retornou para casa apreensiva.

Horas mais tarde, Carlos chega de um jeito diferente. Entrou sorrindo, deu-lhe um beijo no rosto e disse:

— Vá se arrumar, hoje sairemos para jantar fora. Chega de brigas, daqui para frente não teremos mais motivos para isso. Sei que você irá se comportar.

— Estou indisposta, podemos deixar para amanhã?

— Não me irrite, Cecília. Te faço um convite e você com essa cara. Tome um banho, se arrume, quero você especialmente linda essa noite. Vou levá-la naquela cantina que Pepê nos indicou. Aliás, é perto de onde ele mora, quem sabe o encontramos lá com alguma namorada.

Tristemente, ela se aprontou e ficou o mais bela que o desânimo permitia.

Do terraço da cantina conseguia ver a janela do quarto de Pedro com as luzes apagadas.

Por onde andaria Pedro? Era só nisso que conseguia pensar.

Carlos parecia ler seus pensamentos e saboreava cada segundo de ansiedade vista nos olhos de Cecília.

Naquela noite, de volta ao apartamento ele ainda a fez servi-lo, como se usasse uma puta qualquer que encontrava na esquina.

Cecília imóvel enquanto Carlos a possuía, só pensava na janela do quarto escuro.

DA LOUCURA DE CECÍLIA

"Maria, Maria é um dom, uma certa magia / Uma força que nos alerta

Uma mulher que merece viver e amar/ Como outra qualquer do planeta..."

Mal amanheceu o dia e o telefone tocou. Era Sandra, dizendo que precisava muito falar com Cecília.

— Notícias de Pedro?

— Sim, amiga.

— Espere, Carlos está levantando. Venha daqui a meia hora e poderemos conversar tranquilamente.

Já na sala de jantar, ele tomou seu café e perguntou o que ela faria naquele dia.

— Nada de especial. Cuidar da casa, fazer comprar, o de sempre.

— Está bem — disse ele —, se precisar de alguma coisa, volto cedo.

— E o que eu poderia precisar, Carlos? Se tudo está como de costume.

— Não sei, tudo muda assustadoramente.

Saiu com um sorriso sarcástico estampado no rosto. Só de lembrar sentia arrepios.

Sua amiga chegou dez minutos depois, muito agitada, com um jornal entre as mãos tentando escondê-lo atrás do corpo.

Não foi necessário ler o jornal ou Sandra dizer uma palavra sequer. Cecília sabia!

— *Ele não, ele não.* — Gritava desesperadamente. *Quero o meu Pedro. Ele prometeu que não me deixaria jamais. Ele não!*

Nada conseguia acalmá-la. Sandra começou a narrar a suspeita.

— *Aqui no jornal diz que o carro foi encontrado nas margens da represa de Billings. Existem vestígios de luta, sangue. O corpo de Pepê foi encontrado a alguns metros do carro, baleado. Acreditam em assalto seguido de morte, pois não havia mais nenhum pertence com ele. Só foi identificado rapidamente porque sua carteira de identidade estava caída numa mata próxima. Provavelmente o bandido a perdeu na fuga.*

— *Sai daqui, sai! Quero ficar sozinha.* — Gritava ela em estado de histeria.

Sandra saiu, porém ficou no corredor temendo pela amiga.

Cecília se deixou cair encostada em uma parede, toda encolhida e soluçava. Lembrava-se de como eram unidos na infância e de como Pedro a protegia.

O passarinho Xodó, a vó Antonieta, as armadilhas nas ruas, o roubo das jabuticabas na chácara da tia Sarafina. Via-se sentada na escada da cozinha observando-o brincar. Pedro tinha o espírito de liderança, como era bonito o seu menino.

— *Quando eu crescer quero me casar com você. –* Repetia agora.

Lembrou-se do seu mano Pepê na adolescência, trolando seus amigos.

Como o Bolinha, que havia completado 18 anos, o mais velho da turma, quando ele ganhou um carro de seu pai.

O TEMPO PAROU
assim que recebeu o primeiro tapa

Pedro ligou para a *Gazeta Popular* pedindo para anunciar a venda do carro do amigo sem que ele soubesse, por vários dias pessoas foram à casa do Bolinha pedir para ver o automóvel.

Assim era ele, pensou Cecília. Alegre e brincalhão.

Algumas horas depois Carlos chegou e encontrou Sandra no corredor. Ela relatou o que havia ocorrido. Entraram no apartamento e encontraram Cecília ainda encolhida no chão numa espécie de transe.

Com muito esforço foi levada para debaixo do chuveiro e depois colocada na cama. Carlos mal conseguia disfarçar a satisfação de vê-la destruída.

Desse dia em diante, nenhuma palavra mais saiu da boca de Cecília.

Seus filhos, já crescidos, criaram asas de vez. A depressão tomou conta de sua vida.

Carlos passou a dedicar-se mais a ela. Cuidava dos afazeres domésticos, tentava alimentá-la, dava-lhe banho, sentia um prazer doentio ao fazer isso, porque agora tinha Ceci só para si. Já não permitia nem a visita de sua melhor amiga, ela virou uma prisioneira da mente doentia de seu marido, porém não se incomodava, aliás, nada mais tinha importância em sua vida.

Ele ainda mantinha sua vida extraconjugal, como Cecília não esboçava mais nenhum sinal, não fazia a menor questão de esconder, ao contrário, dizia ao sair:

— *Agora, fique quietinha aí* — Dando uma gargalhada irônica —, *que vou me divertir um pouquinho, com uma mulher de verdade.*

Saía por horas e às vezes passava noites fora de casa, o que para ela não fazia a menor diferença, pois já tinha a companhia dos seus fantasmas.

E o tempo foi passando, passando.

A vida seguia em frente. Menos para Cecília, porque o tempo andava para trás.

Era o passado e seus mortos que habitavam sua alma.

A presença de Pepê era constante em Cecília. Cada gesto, cada palavra, cada momento que esteve nos braços dele, resistiam em sua mente.

Anos se passaram e nada mais foi descoberto sobre o assassinato de Pedro. Cecília há muito perdera o brilho de seu olhar, os cabelos brancos denunciavam sua idade e a tristeza permanecia, enquanto sua mudez continuava absoluta.

Pouco saía do seu quarto. Sua única amiga agora era Esmeralda, a gatinha. Às vezes passava horas sentada em sua poltrona e tentava brincar com suas linhas e agulhas de tricô, mas não conseguia concluir nenhuma peça. Já não tinha atenção e nem paciência para isso.

Gostava apenas de encostar sua cabeça no balanço da cadeira e admirar além da janela, de onde avistava a padaria, *quem sabe*, pensava ela, *Pedro estará lá me esperando*.

Observava a chuva, o sol, o anoitecer, e por vezes chegava a ver o amanhecer, sem que de lá se movesse.

De real, só sua gata. Às vezes conseguia esboçar um gesto de carinho ou alguma palavra consigo mesma, na maior parte do tempo conversava com as aparições que alegravam sua sala.

Quando notava a presença de Carlos, sentia revolta contra seu cárcere e se menosprezava quando concluía que foi covarde. Não teve ânimo para enfrentá-lo, acomodou-se, deixou-se dominar. Nada mais poderia fazer, não teve coragem de jogar tudo para o alto e agora Pepê não estava mais ao seu lado.

— *Se ao menos eu tivesse lutado e largado tudo? Carlos tem razão, a vida toda só me rastejei.*

O TEMPO PAROU
assim que recebeu o primeiro tapa

E as carpideiras prosseguiram chorando e cantando a ladainha, seguindo a procissão.

"*Quem de vós pode entender, o rio que nasce e escorre*
Em ladainhas cantadas, sem nascentes, sem vertentes?...
As almas cegas, confusas se vão...
Nada se sabe do além...
E os rumores, multiplicados, rezam a prevenção..."

— Ave, ave, ave Maria... Ave, ave, ave Maria... — Cantarolava Cecília.

O RELÓGIO PAROU

"Eu sou nuvem passageira
Que com o vento se vai
Eu sou como um cristal bonito
Que se quebra quando cai..."

Alguns anos se passaram após a morte de Pepê. Cecília nunca mais se refez. O caso foi dado por encerrado, roubo seguido de morte, e nunca chegaram ao assassino.

A tristeza e a melancolia tomaram conta de sua alma de vez, suas únicas companhias eram os mortos.

Estes preenchiam o vazio devastador de sua vida, às vezes a faziam rir e outras chorar.

Ela já não sabia o que era real e o que poderia ser fantasia. Se eram alucinações ou espíritos, porém povoavam o seu imaginário.

Carlos já demonstrava um certo cansaço. Cuidava de Cecília com zelo, mas pouco parava em casa.

Nas noites frias, quando não saía contava a ela alguns fatos ocorridos no dia a dia ou sobre a política. Servia o vinho em duas taças e permanecia ao seu lado.

Tudo para Cecília era indiferente, talvez ouvisse ou talvez não. Não esboçava a menor reação e não tocava no vinho.

— *Você não está mais neste mundo.* — Dizia Carlos. — *Volta para mim, Cecília. Tudo o que fiz foi para o nosso bem! Você nunca entendeu. Eu precisava da sua atenção e dedicação. Eu nunca quis dividi-la com ninguém e com nada.*

O TEMPO PAROU
assim que recebeu o primeiro tapa

Sua mudez o enlouquecia e ele saía. Andava sem rumo por horas nas ruas de São Paulo.

Em momentos de lucidez, Cecília murmurava:

— *Este é o seu castigo, Carlos. Enlouquecer comigo. Você roubou minha vida.*

Cecília não estava sozinha, a sala escura sempre povoada por almas companheiras, todas falam, riem, cantam, choram, lamentam.

Não compreende mais seu pertencimento, estava vivendo em dois mundos opostos e transitórios.

As vozes não se calam, escuta o eco refletido nas paredes, como se viessem de todas as partes. Vibram palavras que aprendeu durante a vida.

— *Fará mal, Lídia?*

— *Dio, provvederà, Dirce.*

— *Attento, vagone per bambini, Negrinho.*

— *Está decretado o AI-5.*

— *Resista, resista, resista, Rosa.*

— *Covardes, covardes, covardes.*

— *Portami con te... Sarafina.*

— *Sou palmeirista, anarquista...*

O silêncio retorna à sala.

Da boca de Cecília apenas um sussurro:

— *Portami con te, Pepê. Portami con te.*

As últimas gotas do chá de erva cidreira permaneciam na xícara sobre a mesinha de canto e Esmeralda observava sua dona como se fosse um adeus.

De súbito, uma luz intensa invadiu sua sala.

Aos poucos, à sua frente Pedro se materializou. Suas mãos estão estendidas para Cecília.

— *Você veio, esperei tanto por este momento* — diz ela.

As mãos dele tocam as de Cecília, seu corpo foi adquirindo uma leveza como se voasse.

— *Não existem mais dores, medos e tristezas. Teu sofrimento terminou aqui, minha Ceci.*

Com um sorriso sereno seus olhos se fecham.

Cecília se foi.

O silêncio tornou-se absoluto em sua sala, apenas Esmeralda miava.

A CARTA

"Os sonhos mais lindos sonhei
De quimeras mil, um castelo ergui
E no teu olhar tonto de emoção
Com sofreguidão, mil venturas previ...
És fascinação, amor..."

Poucas horas antes o corpo de Carlos desaba do via-duto do Chá e com ele é encontrado no bolso do sobretudo marinho uma carta:

— *És fascinação, minha Cecília.*

Lembra-se da nossa música, minha querida? Ah, você não sabe o quanto te amei.

Sei que te fiz sofrer, mas foi preciso. Agora terminou.

Sempre soube da sua traição, consegui manter-me calado para não te perder de vez.

Resolvi castigar você e o maior sofrimento que poderia te causar era matar o seu amante, confesso que senti prazer ao fazê-lo com minhas próprias mãos.

Senti o sabor doce de cada lágrima de desespero que rolou dos teus lindos olhos verdes. Sua dor sem poder falar, seu choro nas noites de insônia. Você não faz ideia como foi bom vê-la definhar.

Hoje decidi acabar com tudo, dar um basta. Sabe, Cecília, aquele chá de erva cidreira que te servia todos os dias? Estava com pequenas doses de veneno, como foi bom vê-la contorcendo de dor e com espasmos, todos os dias e aos poucos.

Te ver alucinando, ou seriam fantasmas mesmo te atormentando? Não sei.

Resolvi dar um final na sua dor hoje, viu como sou piedoso? Aumentei a dose do fel no chá de cidreira, que tanto gosta.

Como a vida ficará sem graça agora, sem sua presença, decidi partir também.

Eu fiz com que acreditassem que a desequilibrada fosse você, Cecília. Acreditaram que você era louca. Consegui afastar todos da sua vida e te fiz morrer aos poucos.

Sem dó, pisei e te torturei, porque você não soube me compreender.

Estou te libertando, neste momento.

Voa, meu passarinho, quem sabe encontrará quem tanto deseja.

Quanto a mim, minha doce Cecília, o inferno me espera. Já não me importo porque sempre o carreguei dentro de mim.

Eu te avisei, não brinque comigo!

Perdão, foi tudo por amor.

O tempo parou, querida.

Eu desisto!

FIM

NOTAS DA AUTORA

Maria Antonieta Iadocicco

A autora, quando decidiu escrever este livro, quis abordar diversos temas, porque na vida nada acontece separadamente, tudo é paralelo.

É uma história híbrida que levanta épocas diferentes, mas que se perpetuam em um único tempo.

Falar sobre o tempo, algo tão abstrato e absoluto. O nosso corpo é a forma maior da materialização desse tempo.

A nossa mente reproduz o tempo e a história em breves instantes em que até podemos levantar a hipótese de que o passado não existe, está em constante mutação dentro de nós.

A memória de Cecília, personagem fictícia, vive o dilema do tempo. Conversa com seus fantasmas, ou será alucinações? Seus mortos estão vivos e acompanham sua trajetória durante todo o seu tempo limitado.

Assim como as músicas que personificam a vida e marcam a passagem do tempo. Cada uma delas tem o poder de nos remeter a períodos diferentes, como acontece com a personagem.

Quanto às histórias de família, cabe aqui dizer que muitos dos personagens são verídicos e os nomes reais, a autora tenta mostrar que embora o corpo seja a morada do tempo, a memória é atemporal.

Os personagens que formam a trama do romance, são fictícios, baseados em histórias estampadas no dia a dia sobre a violência doméstica, uma dor que nem o tempo apaga.

REFERÊNCIAS

AQUINO, H. *Nuvem passageira:* tema da novela O casarão da rede Globo, 1976.

BEDRAN, B. *Dorme menina:* Canções de ninar, 1938.

BOSCO, I.; BLANC, A. *O bêbado e o equilibrista.* Álbum Essa mulher, intérprete Elis Regina.

BRAGA, R. C.; ESTEVES, E. (Erasmo Carlos). *Mulher (sexo frágil),* 1981.

BRAGA, R. C.; ESTEVES, E. (Erasmo Carlos). *Coqueiro Verde,* 1970.

DALLA, L.; PALLOTINO, P. *In:* HOLANDA, C. B. *Minha história (gesubambino).* Apresentado pela primeira vez no Festival de Sanremo, 1971.

FÉRAUDY, M. (1859-1932). *In:* LOUZADA, A. *Fascinação.* Escrita em 1905, cantada por Carlos Galhardo (1943 e 1950). No álbum Falso brilhante, intérprete Elis Regina, 1976.

FERREIRA, H.; FERREIRA, G.; FERREIRA, I. *Me dá um dinheiro aí.* Marchinha de carnaval, 1959.

GIL, G. *Domingo no parque.* III Festival de música popular brasileira pela TV Record, 1967.

HOLANDA, C. B. de. *Mil perdões.* Escrita para o filme Perdoa-me por me traíres, 1980. Abriu o álbum Baby Gal, 1983.

HOLANDA, C. B. de. *Banda.* Vencedora do II Festival de música brasileira pela TV Record, 1966.

HOLANDA, C. B. de. *Pelas tabelas,* 1984.

IADOCICCO, M. A. (Pezão). *Briga de casal.* Amo Sarau. São Paulo: Cilco Contínuo Editorial, 2019.

JAJARACA; PAIVA, V. *Mamãe eu quero.* Marchinha de carnaval com coral maluquinho, 1936.

JORGE, F.; BREZZA, G.; ROSSO, N. *O silêncio.* Intérprete Claudia Barroso, sem ano determinado.

KELLY, J. R. *Cabeleira do Zezé.* Marchinha de carnaval, 1963.

LENNON, J.; MCCARTNEY, P. *She loves you.* Conjunto The Beatles, lançado em compacto simples no Reino Unido, 1963.

LOBO, E. *Ponteio.* Festival de música popular brasileira, 1967.

MENDONÇA, P. *Sangue latino.* Composta pelo líder da banda Secos & Molhados. Intérprete Ney Matogrosso, lançado pelo grupo em 1973.

NASCIMENTO, M.; BRANT, F. *Maria, Maria.* Final dos anos 70.

PEPOLI, E.; ROSSINI, G. *Tarantella Napolitana.* Fez parte da coletânea Les soirées musicales, 1830-1835.

PESSOA, S. *Frevo do Bi,* 1966.

PINHEIRO, M.; CASTRO, L. de; LOBATO, H. *Cachaça não é água não.* Marchinha de carnaval, 1953.

RADO, J.; RAGNI, G. *Hair.* The american tribal love rock musical, 1967.

RAMIREZ, G. *Psicopatia.* Revisão médica, clínico geral e psicólogo, 2013.

REVISTA FEMININA. *A cura do desejo,* 1912.

RIBEIRO, A. *Sonho de papel,* 1935.

O TEMPO PAROU
assim que recebeu o primeiro tapa

SILVA, F. M. *Hino Nacional*. Decreto 15.671, 1822.

SOLO, B; RAPETTI, G. *Una lacrima sul viso*, participou do Festival de Sanremo, 1964.

SOUTO, E.; MARINHO, G. *Gegê*. Marchinha de carnaval, agraciando Getúlio Vargas, 1931.

VALENÇA, A. *Tropicana*. Álbum Cavalo de pau, 1982.

VANDRÉ, G. *Caminhando*. 2.º Lugar no Festival Internacional da canção. Teve a execução proibida no período militar, 1968.

VELOSO, C. *Proibido proibir*. Memorial da democracia. LP coletivo apresentado no TUCA (teatro da PUC-SP).

VELOSO, C. *Sem lenço, sem documento*. Marco inicial do movimento Tropicalismo, 1967.

VELOSO, C. *Oração do tempo*. 1979.

ZAN, M. *Quadrilha de festa junina*. Variações nas letras. Os festejos foram trazidos da Península Ibérica pelos portugueses para o Brasil no século XVI.